행복멘토 최윤희의
희망수업

행복멘토 최윤희의 희망수업

지은이 | 최윤희
펴낸이 | 김경태
편집인 | 박윤조
펴낸곳 | 한국경제신문 프런티어

제1판 1쇄 발행 | 2008년 9월 10일
제1판 4쇄 발행 | 2008년 10월 20일

등록 | 1967년 5월 15일(제2-315호)
주소 | 서울특별시 중구 중림동 441
전화 | (02)3604-580(기획출판팀)
       (02)3604-561~2(영업마케팅팀)
팩스 | (02)3604-599
전자우편 | hkfrontier@naver.com

ISBN 978-89-475-2633-3 03810

ⓒ 최윤희, 2008

프런티어는 한국경제신문사 출판법인 한경BP의 임프린트입니다.
이 책은 저작권법에 따라 보호받는 저작물이므로 무단 전재와 무단 복제를 금지하며,
이 책 내용의 전부 또는 일부를 이용하려면 반드시 저작권자와 프런티어의
서면 동의를 받아야 합니다.

* 책값은 뒤표지에 있습니다.
* 잘못 만들어진 책은 구입하신 서점에서 바꾸어드립니다.

행복멘토 최윤희의

희망수업

최윤희 지음

프롤로그

희망을 캐내자,
희망의 '심마니'가 되자!

몇 년 전 미국에서 실제 있었던 일이다.
한 가족이 바다여행을 하다가 심한 풍랑을 만났다.
배는 삽시간에 산산조각! 그 뒤 몇 시간이나 흘렀을까?
난파된 배의 조각을 붙잡고 간신히 버티던 가족들은
모두 지쳐서 죽기 직전까지 간 절망 상태였다.
특히 졸음을 못 이긴 어린 아들의 눈꺼풀이 내려앉고 있었다.
잠들면 절대 안 되는데, 이를 어쩌지?

당신의 위대한 힘을 꺼내라

그 순간 아빠가 아들에게 물었다.
"토니야, 너 집에 가면 뭐가 제일 먹고 싶니? 아빠가 다 사줄게."
그 순간 가물가물 감기던 아들의 눈이 반짝 빛났다.
"아빠, 정말요? 햄버거가 제일 먹고 싶어요."
"사랑하는 우리 아들! 가서 네 친구들 다 부르자.
아빠가 햄버거 파티를 열어줄게."
"아빠, 생각만 해도 신나요. 햄버거 파티!"
그는 아내에게도 물었다.

"당신은 집에 가면 뭐부터 할 거야?"
"잠 좀 실컷 자고 싶어요."
"그래? 내가 푹신푹신한 침대 퀸사이즈로 하나 사줄게.
여왕처럼 푸욱~ 자."
이번에는 아들이 물었다.
"아빠는 뭐가 제일 하고 싶어요?"
"음…… 아빠는 시원한 맥주가 먹고 싶구나."
"아빠, 나 이번 여름방학에는 아르바이트할래요.
월급 받으면 맥주 한 박스 사드릴게요."
"우와…… 빨리 집에 가고 싶다."
햄버거, 퀸사이즈 침대, 시원한 맥주!
집에 돌아가면 먹고 싶은 것 다 먹고, 하고 싶은 것
다 할 수 있다는 희망. 희망이 생기자 거짓말처럼
다시 기운이 솟아올랐다. 입가에는 웃음도 슬며시 피어났다.
그리고 그들은 결국 구조되었다.
이 극적인 사건은 몇 년 전 영화로 만들어지기도 했다.
그렇다. 희망이 아니었다면
그들은 미처 구출되기 전에 '마침표'를 찍었을지도 모른다.
희망은 기적을 부르는 암호다.

나를 바꾼 단 한 가지, 희망

오랜만에 나를 본 사람들은 놀란다.
모두 눈을 똥그랗게 뜨고 묻는다.
"어머나, 어쩜 이렇게 달라질 수 있죠? 완전히 딴사람 같아요."
마치 채송화에서 토마토라도 열린 것처럼 생뚱맞다는 반응,
참새가 얼룩말이라도 된 것처럼 놀랍다는 반응…….
그럴 만도 하지. 내가 180도 바뀐 것은 사실이자 진실이니까!

그들의 목소리를 리얼 생중계로 전해 본다.
우선 어린 시절 친구들의 말.
"너 오리지널 최윤희 맞아? 남 앞에서 말 한마디 못하고
절절매던 애가 어쩜 그렇게 말을 술술 잘하니?"
"학교에서도 창가에 조용히 앉아만 있던 윤희였는데!"
"야, 윤희야. 정말 신기하다. 사람 팔자 알 수 없다는 거
너를 두고 하는 말인가 봐!"
맞다. 나는 부끄러움 38단, 내숭 49단이었다.
한 사람만 앞에 있어도 얼굴이 빨개지다 못해
온몸을 빨갛게 도배하던 소심, 쪼잔함의 극치였다.

부산에서 쪽방 살 때 주인집 아줌마는 이렇게 얘기한다.
"……오모오모, 증말 성은 엄마 맞능교? 우리 집 쪽방에
세 들어 살믄서 우리 집 일도 다 해주던 그 여자 맞능교?
월급도 안 줬는데 설거지, 청소 다 해주고 어디 그것뿐이가?
밤마다 내 팔다리까지 주물러줬다 아이가? 진짜 그 최윤희 맞능교?"
그렇다. 나는 내숭계의 휴머니스트, 절망계의 로맨티스트였고
자발적 파출부였다. 날마다 죽고 싶었지만 그래도 사는 것이
훨씬 더 쉬웠기 때문에 어쩔 수 없이 살아남았던
불쌍한 최윤희, 청승 가련 최윤희였다.

전업주부 시절 이웃 사람들도 놀라기는 매한가지다.
"어라…… TV에 나온 저 여자 좀 봐. 우리 산동네 아줌마 아냐?
우리가 수다 떨면 옆에 앉아서 웃기만 하던 그 얌전한 여자!"
"꼭 우울증 환자같이 눈 밑에는 늘 다크서클이
주렁주렁 매달려가지고 언제나 말도 없이 슬픈 표정이었는데!
역시, 진짜 오래 살고 볼 일이라니까!"

그들의 증언은 백 퍼센트 사실이다.
내 입술은 오직 먹을 때만 '열려라, 참깨!' 암호를 외웠다.
하루 종일 입술에는 녹슨 자물쇠가 채워져 있었다.
나는 침묵의 지존이었고 중증 우울증 환자였다.
'말하지 마. 너 말하면 죽일 거야!' 하고 누군가 나에게
권총을 들이대고 협박이라도 하는 것처럼 그렇게 살았다.
그러던 내가 지금 완전히 달라졌다. 스스로도 믿기지 않을 만큼.
'어머, 어머, 나 정말 최윤희 맞아?'
내가 나를 보고 놀랄 때도 있다.
가끔 나는 내 뺨을 꼬집어보는 것으로 하루를 시작한다.
'너 혹시 짝퉁 아냐? 설마 이게 꿈은 아니겠지?'

낙천주의자는 절망 속에서 희망을 캐낸다

똑같은 상황에서도 사람은 두 종류로 나뉜다.
'되겠어?'하는 사람과 '안 되긴 뭐가 안 돼!' 하는 사람.
'되겠어?'의 늪에 빠져 있던 내가 '안 되긴 뭐가 안 돼!' 하며
희망을 품는 순간, 내 인생은 180도 달라졌다.
청승을 등에 업고 살던 나를 바꾼 단 한 가지는 '희망'이었다.
가슴속에서 '되겠어?' 하는 물음표가 치솟아오를 때
재빨리 '안 되긴 뭐가 안 돼!'의 '느낌표'로 뒤집어버려라.
물구나무서기를 하면 혈액순환에 도움이 되어
몸에 좋다고 하지 않는가! 생각도 물구나무서기를 할 수 있다.
미처 마음이 닿지 않던 곳까지 희망의 에너지를 전달하면
인생의 유쾌지수가 한껏 올라간다.
윈스턴 처칠 아저씨가 아주 멋진 말씀을 했다.
"비관주의자는 희망 속에서 절망을 본다.
그러나 낙천주의자는 절망 속에서 희망을 본다."

나는 이 말을 살짝 바꾸고 싶다.
희망을 '본다'가 아니라 희망을 '캐낸다!'로.
희망을 그저 바라만 보는 것은 소극적인 인생태도다.
희망은 내가 '캐'내야 손에 들어오는 것이다.
호미나 삽으로 캐내든 굴삭기로 캐내든 선택은 각자 몫이지만,
절망에 걸려 엎어진 바로 그 자리에도
희망이 묻혀 있을지 모른다는 걸 잊지 말아야 한다.
불만과 불안, 좌절과 고민 없이 사는 사람은 없다.
이 책에는 내가 강의와 방송을 통해 직접 만난
수많은 사람들의 생생한 목소리가 담겨 있다.
그들 중에는 유명한 연예인이 있는가 하면
평범한 이웃도 있고 풋풋한 학생도 있다.
쪽지나 이메일로 털어놓은 그들의 고민과 바람 중에는
사소하기 짝이 없어 보이지만 나름대로 절실한 것도 있고,
이미 희망의 싹을 담고 있는 것도 있고,
그저 위안과 격려가 필요한 것도 있고,
가끔은 정신 차리라고 경고를 날려주어야 하는 것도 있다.
하지만 이 모든 것에도 공통점이 있으니,
크든 작든 희망을 찾으려는 사람들의 이야기라는 것이다.
그들의 희망에 내가 감히 '라이브댓글'을 달아보았다.
물론 나의 댓글들이 정답은 아니다.
정답은 결국 그들 자신이 찾지 않겠는가?
그들 모두, 그리고 지금 이 책을 읽으며 나와 만난 당신이,
바로 위대한 미래를 캐내는 희망의 심마니가 되어야 한다.
당신 삶의 주인은 바로 당신이니까!

차례

프롤로그 희망을 캐내자, 희망의 '심마니'가 되자! 5

1부 행복멘토 최윤희
열정을 불러내다

- 18 오늘 하루는 내 인생 포트폴리오의 한 페이지
- 20 인생역전 드라마, 주연은 당신
- 22 알파걸, 그대 인생에 태극기를 꽂아라!
- 24 먼저 말을 걸어라, 세상이 대답할 것이다
- 26 절실함은 열정의 전주곡이자 후회를 막는 수호신
- 28 좀 더 행복해지는 법을 배우고 있을 뿐
- 30 문과 마음은 두드리는 자에게 열린다
- 32 백만 불짜리 주름의 소유자가 되는 법
- 34 인생은 훈련, 유머도 연습하라!
- 36 꿈을 이루어주는 3대 정신
- 38 '생각대로' 살지 못하면 '사는 대로' 생각하게 된다
- 40 다이어트의 이유를 업그레이드하라
- 42 술보다 맛있고 매력적인 수다에 취하라
- 44 사랑받는 남편의 무기는 구릿빛 정신과 규칙적인 운동!
- 46 절제, 통제, 자제의 '3제 시스템'을 가동하라
- 48 적당한 애교는 뻣뻣한 인생을 풀어주는 막강 웨이브
- 50 '빈틈 매력'으로 당당하게 어필하라
- 52 결혼은 필수과목이 아니라 행복한 선택과목
- 54 빨리 가는 것이 아니라 바로 가는 법을 배워라
- 56 노년이란, 제철이 되어야 거둬들일 수 있는 과일 같은 것
- 58 여기, 아줌마가 간다!
- 60 행복 인출 통장의 비밀번호는 당신의 웃음
- 62 심장이 셋인 양 달려라, 다시는 못 할 것처럼 즐겨라

2부 행복멘토 최윤희
이해를 제안하다

- 68 내 머릿속 생각의 스위치를 찾아라
- 70 상처 입은 영혼을 감싸는 달인이 되는 법
- 72 '당연한 일'이 지니는 가치
- 74 입장 바꿔 생각해 보는 것이 숙제!
- 76 가슴에 호소하니 금세 벽이 허물어지고
- 78 협상의 고수는 자기가 먼저 한발을 들여놓는다
- 80 '포로'라는 글자에서 점 하나를 지우면 다름 아닌 '프로'
- 82 부부학교 성적에도 내신 관리가 필수다
- 84 불행한 부부의 7가지 습관
- 86 행복은 누구에게나 셀프입니다
- 88 용서는 자신에게 주는 가장 큰 선물
- 90 아버지는 말하셨지, 인생을 즐겨라
- 92 나비가 오게 하려면 악착같이 꽃 심을 자리를 찾아라
- 94 결혼한 아들은 며느리의 남편이다
- 96 유쾌한 친구를 얻는 단 한 가지 방법
- 98 칭찬은 미운 일곱 살도 춤추게 한다
- 100 더도 말고 덜도 말고 초심만 같아라
- 102 당신을 괴롭히는 건 적반하장 4차원 정신
- 104 한 걸음씩 걷다 보면 산을 넘는다네
- 106 '노'라고 말하는 용기가 행복을 응원한다
- 108 세상 모든 이에게 사랑받기보다 더 행복해져라

3부 행복멘토 최윤희
상상력을 부추기다

- 114 꿈이 있으면 행복하지만 그 꿈 넘어 또 다른 꿈이 있으면 위대해진다
- 116 자신감은 내 의지에 터보 엔진을 달아준다
- 118 웃음으로 세상을 지배하고 세상에 헌신하리
- 120 '나'는 인생 대박을 꿈꾸는 1인 주식회사의 CEO
- 122 사랑은 평생 할 일, 진정한 광대는 꿈마저 자유롭다
- 124 인생을 역주행하라, 나이는 그저 숫자일 뿐이다
- 126 나는 내 운명의 건축가, 내 운명의 주인
- 128 공감 담긴 인생 공감 가는 개그
- 130 행복에 꼭 이유가 필요한 건 아니지
- 132 종이는 접어도 꿈은 접는 게 아니야
- 134 상상력은 나의 힘, 웃음은 나의 희망, 아이들은 나의 꿈
- 136 꿈은 기다려준다, 내가 그를 버리기 전까지는
- 138 슈퍼울트라초강력 엽기 작가로 살아가기
- 140 남들에게 웃음 주면 내 입도 째지지예
- 142 빛나는 순수의 유통기한은 무한대
- 144 끼, 깡, 꿈! 나를 날아오르게 하는 삼중 날개
- 146 가지 많은 나무가 큰 그늘을 만든다
- 148 때를 기다리지 말고 기회를 만들어라
- 150 모든 것을 알고 있다면 사랑은 절대 시작되지 않을 것이다
- 152 철들지 마라, 상상의 놀이터에서 행복을 찾아라
- 154 돈을 밝히는 사람보다 돈에 밝은 사람이 되라
- 156 행복은 아파트 평수 순이 아니잖아요
- 158 여유와 자유는 함께 다니는 '패키지'

4부 행복멘토 최윤희
긍정을 선택하다

- 164 오늘은 아마 행운이 있을 거야!
- 166 키는 땅에서부터 재지 말고 하늘에서부터 잴 것
- 168 몸매의 S라인, 얼굴의 S라인, 마음의 S라인
- 170 쫓아다니면 더 달아나는 두 가지, 돈과 여자!
- 172 없는 것보다 가진 것을 세어보자
- 174 열일곱 번 쓰러지면? 열여덟 번 일어나지!
- 176 착한 여자? 가만있어도 빛나는 여자!
- 178 격이 높은 사람에게는 다른 '성공'이 보인다
- 180 분노, 제압당하기 전에 제압하라
- 182 인생의 보약은 쓰디쓴 실패로 찾아온다
- 184 걱정도 '습관'이셔!
- 186 인생을 있는 그대로 받아들여라
- 188 가장 큰 번뇌가 가장 큰 위로가 된다
- 190 마음은 늘 예측불허, 그리하여 인생에는 늘 희망이 있다
- 192 눈 위에 칼 대신 눈 속에 별!
- 194 미래는 지금 당신의 생각대로 진화한다
- 196 걱정은 '가불'할 필요가 없다
- 198 비전은 스스로 만든 한계를 뛰어넘는 것
- 200 치열한 삶, 그 사이에 찍는 쉼표의 맛
- 202 카메라가 찍는 것은 당신의 자신감
- 204 무대에 섹스어필로 승부하라
- 206 과대포장, 위장포장의 옷을 벗어라
- 208 첫사랑의 90퍼센트는 착각과 환상이다
- 210 권태, 받아들임으로써 벗어나는 법
- 212 과거는 이미 사라졌고, 미래는 아직 오지 않았느니라
- 214 희망만 버리지 않으면 다시 무대에 설 수 있어
- 216 손을 내미려면 자신의 모습부터 받아들여라
- 218 즐겁게 지내는 것이 그대에게 주는 선물
- 220 '웃음'으로 팔십까지 '팔팔'하게!

에필로그 내 인생 최고의 전략은 '희망' 222

1부

열정에 희망이 있다.
열정이 살아나면 희망도 살아난다.
희망이 우리를 숨 쉬게 하는 허파라면
열정은 허파에 피를 보내주는 심장이다.
열정 속에 펼쳐진 에너지의 바다에는
처얼썩 처얼썩 파도가 끝없이 밀려와 부딪친다.
팍팍한 현실 앞에서 몸은 노곤하게 무너질지라도
열정이 살아 있는 마음은 '방긋' 웃을 수 있다.
그래서 열정은 희망의 태극기!

행복멘토 최윤희

열정을 불러내다

한 곳에 응축되어 활활 타오르는 '끼'를
우리는 '열정'이라 한다.
손가락이 네 개밖에 없는 피아니스트 이희아를 보라.
그녀는 태어날 때부터 손가락이 한 손에 두 개씩밖에 없었다.
그뿐인가? 무릎 밑으로는 다리가 없는 선천성 사지 기형이었다.
친척들은 아기 희아를 해외로 입양시킬 것을 권유했다.
의사 역시 희아가 손가락에 힘이 없어 글씨도 제대로 쓰지 못하고
뇌 기능도 점점 떨어질 것이라고 선언했다.

그러나 어머니 우갑선 씨는 절망하지 않았다.
희망이야말로 최고의 항암제!
포기하고 좌절하는 대신에 피아노 레슨을 선택했다.
'건반을 두드리다 보면 희아의 손가락에 힘이 생길 거야!'
어머니의 판단은 적중했고 또 정확했다.
세상의 편견에 맞서서 당당히 기적을 만들어낸 이희아!
그녀가 연주하는 피아노 선율은 강력한 희망의 메시지다.

몸을 와이어에 매고 하늘을 날며 감동을 주는
'팬까 서비스=팬들 까무러치게 서비스'로 유명한 가수 김장훈.
가난하고 우여곡절 많은 어린 시절을 보낸 그는 이제
태안 앞바다의 기름띠 제거 봉사활동에 두 팔 걷고 나서고.
가출 청소년들을 도우면서 시작된 자선활동 기부액이
무려 40억 원에 이르는 '기부천사'로 더 유명하다.
그의 기부활동은 '따뜻함'을 넘어 '뜨거울' 정도로 열정적!
돈을 모아 기부하는 게 아니라 기부금액을 정해놓고 돈을 번다.
"기부는 내가 행복해지기 위해 하는 일"이라고 선뜻 이야기하는
김장훈은 신용카드도 없고, 운전면허증도 없다.
하지만 누구보다 뜨거운 심장과 손을 가진 사람!
아름다운 청년엔젤 김장훈, 기발한 아티스트 김장훈.
우리에겐 그가 희망이고, 자랑이다!

희아에게, 장훈에게 열정이 없었다면?
오늘의 그들은 탄생하지 못했을 것이다.
열정의 뜨거움을 가슴속에 품어라.
희망을 찾는 여정의 첫 번째 키워드는 '열정'이다.

오늘 하루는
내 인생 포트폴리오의
한 페이지

아, 저는 언제쯤 취업이 될까요?
어서 빨리 백수에서 탈출하고 싶어요.
날마다 방바닥에 엑스레이를 찍고
그것도 모자라 MRI까지 찍고 살아요.
재정 형편은 신용불량자 되기 일보 직전!
과연 희망은 있을까요?
_이름을 밝히고 싶지 않다는 이모 씨 | 31세, 취업 준비 중

요즘을 가리켜 이구백 시대라고 하더군요.
'이'십대 '구'십 퍼센트가 '백'수라는 거죠.
삼일절, 삼십일 세면 취업길이 막혀 절망하는 시대.
청백전, 청년 백수들의 전성시대.
이렇게 괴상한 신조어가 많은 것을 보면 힘들긴 힘든 세상이에요.
그러나 지금 백수라고 영원히 백수 하라는 법은 없어요.
당신은 지금 '인생 내공'을 쌓는 특수훈련 중이라고 생각하세요.
그리고 냉정하게 자신을 세상에 내던져 보세요.
3D 업종이라도 도전해 보는 거예요.
뻥 뚫린 대로나 지름길이 아닌 꼬불꼬불 오솔길이
인생의 자랑스러운 포트폴리오가 될 수 있습니다.
힘든 일부터 하면 어떤 일도 할 수 있다는 자신감과 힘이 생겨요.
영화 '왕의 남자'로 한류스타에 등극한 '일지매' 이준기도
무명시절에는 막노동을 하며 오디션을 보러 다녔대요.
베를린영화제에서 감독상을 탄 김기덕 감독은
오랫동안 공장 근로자로 일했고요.
구두닦이를 했던 MC몽, 가스 배달을 했던 임창정 등등,
많은 이들이 가슴에 꿈을 품은 채 인생의 내공을 쌓아나갔어요.
성실한 노동은 부끄러운 것이 아니에요.
아무 생각 없이 자신을 포기하는 게 부끄러운 것!
엑스레이 찍을 시간에 벌떡 일어나 내일을 준비하세요.
방바닥에 누워만 있으면 정신까지도 시들시들해져요.
20대는 앞으로 펼쳐질 인생을 위해 칼을 가는 시기라지요.
그 칼은 재능이 아니라, 바로 노력입니다.

인생역전 드라마, 주연은 당신

목욕 한번 실컷 해봤으면 좋겠다.
석 달째 고양이 세수만 하고 산다.
나도 왕년에는 중소기업 사장이었는데…….
후회 막심하다. 그때 좀 부지런히 살걸!

_이우혁 | 48세, 노숙자

이 세상 최고의 파산자는 열정을 상실한 사람이다.
이 세상 모든 것을 잃었어도 열정만 살아 있다면
그는 다시 성공할 수 있다.

_H. W. 아놀드 | 작가

TV에서도 비슷한 분을 본 적이 있어요.
12년째 노숙자 생활을 하고 있다는 일명 '원조 노숙자'.
그분도 한때는 잘나가는 중소기업의 사장이었다고 했죠.
하지만 이제는 봉사단체의 식구가 됨으로써 새 삶을 찾았어요.
그분이 12년 노숙자 대부의 자리에서 물러난 비결은 무엇일까요?
바로, 과거에 연연하지 않고 새로운 희망을 찾은 것이죠.
가장 어리석인 인간 중 하나가 바로 '껄껄' 거리는 인간이에요.
"그때 좀 열심히 살껄껄껄……!"
인생이라는 자동차에는 백미러가 없어요.
뒤돌아봐야 소용없답니다. 앞만 보고 가세요.
지금부터라도 늦지 않았어요.
먼저, 지나온 인생을 과감하게 점검해 보세요.
필요 없는 것은 거침없이 정리해고하고,
불합리한 것은 인정사정없이 구조조정하세요.
후회, 원망, 회한은 깨끗이 버리고
'이제 더는 잃을 것도 없다'는 기분으로 다시 시작하세요.
그래야 날마다 새롭게 살 수 있고,
또 다시 인생을 부도내지 않을 수 있답니다.
힘든 일부터 시작하세요. 아직 40대인데 무엇인들 못하겠어요?
지역단체나 종교단체마다 노숙자 쉼터나 재활센터가 있잖아요.
지금부터의 인생은 당신에게 달려 있는 것입니다.
무한도전! 포기불가! 좌절금지!
이 세 마디를 자나 깨나 입에 달고 살아보세요.
멋진 인생역전 드라마가 당신 앞에 펼쳐질 겁니다.

알파걸, 그대 인생에 태극기를 꽂아라!

저는 말발이 좀 된답니다.
입술 장악 능력은 확실하죠.
그래서 제 희망은 세계적인 홍보 전문가가 되는 거예요.
이 소원이 이루어지는 날,
최윤희 선생님 홍보도 맡아드리고 싶어요!

_박선영 | 22세, 대학교 2학년

내 성공의 비결은 나 자신을 두려워하지 않는 것,
내 생각과 내 의견을 두려워하지 않는 것이다.

_어사 키트 | 미국의 영화배우, 가수

아이고, 이렇게 고마울 수가! 꿈이 블록버스터급이군요!
선영 씨처럼 야무진 여성들을 요즘에는 '알파걸'이라고 부른다지요?
내가 보기에 알파걸의 특징은 이런 것 같아요.
첫째, 자신을 남성과 비교하지 않는다.
둘째, 여성의 특성을 당당히 드러내고 그것을 풀가동한다.
셋째, 감성에 치우치지 않고 이성적이다.
넷째, 스릴과 서스펜스가 가득한 인생을 즐긴다.
다섯째, 자기 인생에 태극기를 꽂고 산다.
이제는 알파걸들이 종횡무진 활약하며
세계의 주인공이 되는 시대예요.
세계를 무대로 하는 글로벌 우먼이 되려면
먼저 가까운 곳에서부터 네트워크 파워를 키우세요.
다양한 동아리에 들어가서 남녀노소, 학벌, 인종, 가릴 것 없이
색색가지 우정을 키워나가면 그게 모두 선영 씨의 재산!
그러나 넓은 세계를 정복하기 전에
자신의 인생부터 정복하는 것이 알파걸의 목표!
남의 눈치 보지 말고 자기 인생에 태극기를 꽂으세요.
저는 알파걸을 '알짜걸'이라고 말하고 싶어요.
'알짜만 쏙쏙 뽑아먹는 이 시대의 똑똑한 여성들',
어때요, 믿음직스럽죠?
당당하게 살아가는 이 시대의 알짜걸이 되어서
멋지게 세계를 접수하고 미래를 포옹하시길!

먼저 말을 걸어라, 세상이 대답할 것이다

저는 왕따예요. 자발적 왕따죠.
성격도 소극적인데다 대인기피증까지 있어
회사에서도 사람들과 어울리기 힘들어요.
말주변도 없는 부끄러움의 지존인 제가
어떻게 해야 이 외로운 세계에서 벗어날 수 있을까요?
과연 방법은 있을까요?

_익명의 여성 | 28세, 회사원

상상하기 힘드시겠지만, 당신의 모습이 바로
수십 년 전 저의 모습이라면 믿으시겠어요?
얌전하다 못해 과묵했고, 넉넉지 못한 환경 탓에
늘 위축된 채 젊은이답지 않게 우울함이 가득했죠.
저도 그랬지만, 외로운 사람일수록 누군가 먼저 다가와주길 바라죠.
그런데 이거 아세요? 주먹을 꽉 쥔 손과는 악수를 할 수 없죠.
누가 먼저 말을 걸어오기만 바라다 보면 더 외로워져요.
길가에 피어 있는 꽃을 보고 "어머, 꽃 참 예쁘다!"
라고 한다면 누가 행복할까요? 꽃이? 아니죠.
꽃이 예쁘다고 생각하는 당신이 행복하지 않겠어요?
사람에게서 얻는 행복도 마찬가지랍니다.
내가 '먼저' 다가가서 말을 걸고 적극적으로 접근하면
그 누구도 아닌 바로 내 인생이 더 흥미진진해져요.
중증 소심증 환자였던 저는 모르는 길을 찾아갈 때조차
낯선 사람한테 말 걸기가 두려워 한적한 길로만 헤맸더랍니다.
그런데 눈 딱 감고 먼저 말을 걸기 시작하자
어린아이부터 할아버지까지 다 친구가 되었죠.
인생은 한 번뿐, 왜 다른 사람에게 끌려가나요?
당신이 다른 사람들을 이끌어가세요.
먼저 아무에게나 웃으며 말을 거는 것부터 시작하세요.
상대방이 대답을 해주면 금세 친구가 될 수 있어요.
"어머, 별꼴이야." 하고 가버리는 사람은
조금 서운하더라도 통과 통과~
아직 준비가 되지 않은, 당신보다 더 외로운 사람일 테니까요.

절실함은
열정의 전주곡이자
후회를 막는 수호신

저의 우상은 손석희 교수예요.
저도 그렇게 멋진 앵커가 되고 싶어요.
그러자면 대학도 좋은 데 들어가야 하고,
방송국 입사시험에도 합격해야 하고,
음…… 유학도 갔다 와야 하나요?
할 게 너무 많아서 걱정이에요.

_이혁 | 고등학생, 17세

중학생이나 흘릴 법한 눈물을
나이 마흔셋에 흘렸던 것은
내가 비록 뒤늦게 선택한 길이었지만
그만큼 절실하게 매달려 있었다는 방증이었기에,
내게는 소중하게 남아 있는 기억이다.
혹 앞으로도 여전히 지각인생을 살더라도
그런 절실함이 있는 한 후회할 필요는 없을 것이다.

_손석희 | 방송인, 교수. 2002년 〈월간중앙〉에 기고한 글 중에서

저도 손석희 교수 열혈 팬이에요~!
아침 라디오 방송도 시간만 되면 꼭 듣는답니다.
손석희 교수 같은 인물이 되겠다는 이혁 군에게
해주고 싶은 말은 세 가지!
첫째, 자신감을 가져라!
둘째, 기초체력을 다져라!
셋째, 어디서도 빠지지 않는 실력을 키워라!
하지만 그보다도 더 힘주어 꼭 해주고픈 말이 있어요.
대학 입학이며 취직, 유학 등의 길을 걸을 때면,
남보다 늦어 조바심 날 때도 있을 거예요.
그럴 때, 지금 품고 있는 간절한 마음을 잊지 마세요.
손 교수도 탄탄대로만 걸었던 것은 아니랍니다.
대학도 재수를 했고 유학도 40대가 되어서야 갔으니까요.
그런데 뒤늦게 보낸 유학시절에 잊지 못할 일이 있었대요.
중간고사를 보는데 시간이 모자라 답안을 미처 다 못 써서
마흔 넘은 아저씨가 연구실 한쪽 구석에서 눈물을 흘렸더랍니다.
그 눈물이 인생의 선물이 되었다는군요.
자신이 품었던 절실함을 되새기게 해주는 소중한 기억으로
지금까지 가슴에 남아 있다니까요.
그런 절실함이야말로 우리 삶에 '후회'가
발을 붙이지 못하게 해주는 수호신이 아닐까요?
이혁 군! 지금 가슴에 품은 그 꿈, 절실하게 가슴에 새기세요.
언제든 열정을 활활 지펴줄 불꽃이 될 겁니다.

좀 더 행복해지는 법을 배우고 있을 뿐

저는 재수생입니다.
제발 이번에는 어디든 합격했으면 좋겠어요.
대학만 들어가면 더 이상 바랄 게 없을 것 같아요.

_김훈 | 21세, 대학입시 준비 중

나는 실패한 것이 아닙니다. 단지 성공할 수 없는
몇십 가지 방법을 발견했을 뿐입니다.

_에디슨 | 발명가, "당신은 몇 번이나 실패했느냐?" 하는 질문에 대한 답변

인생, 크게 생각하세요.
인간 수명 100세 시대에 까짓것 1, 2년 늦는 게 대순가요?
단번에 덜커덕 합격해도 좋겠지만
한두 번쯤은 불합격의 쓴잔도 마셔봐야
인생의 깊이를 맛볼 수 있는 법이랍니다.
된장, 청국장이 몸에 좋은 건 사정없이 썩었기 때문!
고생 한 번 없이 잘 풀린 사람은 그늘 한 점 없을지 몰라도
뺀질뺀질한 것이 인간미가 없어요.
소설 『위대한 개츠비』의 작가 스콧 피츠제럴드는
"한 번 실패와 영원한 실패를 혼동하지 마라"고 했어요.
문제는 '무엇이 되느냐'가 아니라 '어떻게 사느냐'죠.
그리고 합격하면 더 이상 아무것도 안 바란다고 했나요?
설마요. 합격은 출발에 지나지 않아요.
합격한 뒤에 비로소 새로운 인생이 펼쳐지는 걸요.
어쩌면 지금부터 '합격하고 나서는 무엇을 할까?'
하는 질문을 스스로에게 던져보세요.
'그것을 하려면 먼저 대학부터 꼭 합격해야 돼!' 하는
강렬한 동기부여가 될 수 있으니까요.
끝으로, 합격하기에 앞서 무엇보다 먼저 할 일이 있어요.
바로 합격자격증 취득!
합격자격증이란, 한 점 후회 없을 정도로 공부해 보는 것입니다.
공부가 인생의 전부는 아니지만,
인생의 전부도 아닌 공부를 정복하지 못하고서야 뭘 하겠어요?
인생의 삽바를 잡고 뒤집어버린 자격 있는 사람에게는
새로운 출발점이 찾아올 거예요.

문과 마음은 두드리는 자에게 열린다

2년간 짝사랑한 남자가 있어요.
아직도 처음 본 순간처럼 가슴을 설레게 하는 사람이에요.
이제는 혼자 하는 사랑이 아니라 함께하는 사랑을 원해요.
그 남자와 사귀고 싶어요.
하지만 그 사람만 보면 가슴이 콩닥콩닥해서
말을 못하겠어요. 어떡해야 하죠?

_이승연 | 24세, 직장인

2년 동안 짝사랑만 했다고요?
무려 730일씩이나 가슴만 두근거렸다고요?
이런, 승연 씨는 착한 바보군요.
지금 당장 그 남자의 가슴을 노크하세요. 똑, 똑, 똑!
고색창연한 최윤희도 그 옛날 남편에게 먼저 대시했어요!
'닮고 싶은 부부'로 첫 손가락에 꼽히는 신애라, 차인표 씨 경우에도
신애라 씨가 남편한테 먼저 프러포즈를 했대요.
같은 드라마를 촬영하던 시절, 둘이서만 차를 타게 됐을 때
운전하던 신애라 씨가 차인표 씨한테 말했어요.
"나 한손으로 운전 잘해요."
손을 잡아달라는 의미였죠. 신애라 씨, 멋있지 않아요?
그 말에 차인표 씨가 한술 더 떠서
"지금 내 손 잡으면 결혼해야 돼요." 했다네요.
그래서 손잡고 결혼까지 골인해서 지금까지
환상적인 커플로 아름답게 살고 있잖아요?
승연 씨도 주저하지 말고 고백하세요.
그 남자도 "너는 내 운명이야!" 하고
기다렸다는 듯 기뻐할지 모르는데,
그냥 그대로 포기하고 만다면 나중에 얼마나 후회스럽겠어요?
용감하게 저지른 다음 혹시 실패한다면?
괜찮아요. 사랑을 표현하는 건 절대 창피한 일이 아니랍니다.
적어도 가슴에 응어리는 남지 않을 거예요.
자, 지금 당장 남자의 가슴 노크하기, 실시!

백만 불짜리 주름의 소유자가 되는 법

어쩜 좋아요. 저, 주름 생겼어요.
아직 20대인데 벌써 눈가에 주름이라뇨!
거울만 봐도 우울해져요.
'쌩얼'이어도 당당할 수 있는 피부미인이 되고 싶어요.

_정창희 | 26세, 회사원

아름다운 입술을 갖고 싶으면
친절한 말을 하라
사랑스런 눈을 갖고 싶으면
사람들에게서 좋은 점을 보아라
날씬한 몸매를 갖고 싶으면
너의 음식을 배고픈 사람과 나누라

_샘 레븐슨의 시 「아름다움의 비결」 중에서 | 오드리 헵번이 생전에 아들에게 읽어준 시

아이고, 저 같은 사람은 어떻게 살라고요.
저는 피부에 버섯 재배하고 사는 사람이에요.
송이버섯도, 팽이버섯도 있고 느타리버섯도 군데군데 피어 있다고요.
저는 거울을 많이 걸어두고 살아야 해요.
그 이유는? 거울 볼 때마다 겸손해지니까 그렇죠, 하하!
그런데요, 주름 좀 있는 것도 나쁘지 않아요.
숀 코너리나 클린트 이스트우드를 보세요.
주름이 깊이 팬 노인이지만 여전히, 아니 '더욱 더' 멋있잖아요.
유니세프 친선대사로 활동하던 말년의 오드리 헵번은 또 어떻고요!
굶주린 어린이를 품에 안고 있던 곱게 주름진 얼굴,
너무나 아름답지 않았나요.
반면 주름 없애는 주사를 너무 맞아 지나치게 팽팽해진
배우들의 모습은 오히려 더 서글프잖아요.
로맨틱 코미디의 요정이었던 맥 라이언의 최근 모습 보셨어요?
특유의 매력은 온데간데없어지고 어색하게 팽팽한 그 얼굴!
지금 창희 씨는 20대!
앞으로 창희 씨의 모습에 대해 많은 부분을 준비해 둘 수 있죠.
건강관리나 피부관리에 미리미리 신경 쓸 수 있다는 얘기예요.
하지만, 궁극적으로는 그 누구도 세월을 돌릴 수 없어요.
다만 매력적인 백만 불짜리 주름 만드는 건 창희 씨에게 달렸어요.
얼굴의 S라인, 스마일(Smile) 라인을 따라 곱게 자리 잡은 주름의
소유자가 된다면 '쌩얼'이어도 당당할 수 있어요.
지금부터 거울을 보며 우울해하지 마시고,
백만 불짜리 얼굴을 만드는 것은 올라간 입매와
웃음 짓는 눈매라는 것을 잊지 마세요!

인생은 훈련, 유머도 연습하라!

사람들하고 어울릴 때 늘 유머 공포에 시달려요.
친구들은 아무렇지도 않게 빵빵 웃기는데 나는 이게 뭐야…….
제 유머지수는 태어날 때부터 지금까지 바닥을 달립니다.
그래선지 여자친구 한번 사귄 적이 없네요.
혹시 유머학교 같은 데는 없나요?
'유머 3개월만 배우면 유재석, 박명수만큼 웃긴다!'
뭐 이런 데 없나요?
_이름을 밝히기 싫은 소심남 | 28세, 대학원생

천재?
37년 동안 하루도 빠짐없이 14시간씩 연습했는데,
그들은 나를 천재라고 부른다.
_사라사테 | 19세기 스페인의 위대한 작곡가, 바이올린 연주자

우선 고정관념부터 와장창 깨부수세요.
유머 감각은 타고나는 것이 아니라
피나는 훈련으로 얼마든지 만들어진답니다.
제가 아는 남자분 이야기를 해드릴게요.
몇 년 전인가 그분은 여자친구한테 영문도 모르는 채 차였는데,
어느 날 자기 여자친구가 다른 남자와 데이트하는 것을
목격하고 참다못해 물었대요.
"야, 차인 이유나 알고 헤어지자."
여자는 딱 한마디로 정리해 주었죠.
"쟤는 재밌거든. 너는 너~무너무 재미없고!"
솔직히 유머하고는 담쌓은 사람이었거든요.
그 뒤로 그는 불철주야 유머책을 들고 달달 외웠답니다.
그리고 가족들을 대상으로 실전연습에 돌입, 맹연습을 했어요.
가족들의 반응이 좋으면 그 부분을 더 연구 발전시키고
반응이 시원찮으면 과감하게 자르면서!
그래서 지금은 유머의 지존이 되었답니다.
유머감각을 기르겠다면 우선 개그 프로그램을 눈여겨보세요.
그리고 한참 인기 있는 개그를 패러디하는 것부터 시작해 보세요.
유머의 3대 요소는 '공감, 타이밍, 반전'이라는 것을
늘 염두에 두시고, 가족들 앞에서 열심히 연습해 보세요.
처음에는 가족들도 있는 구박 없는 구박 다 할지 모르지만
결국에는 불쌍해서라도 훌륭한 방청객이 되어줄지 몰라요.
스포츠 선수도 피나는 훈련이 있어야 선수생활을 유지하는 것!
우리도 따지고 보면 인생이라는 운동장에서 뛰는 선수 아니겠어요?
자, 당장 시작! 훈련, 훈련 또 맹훈련!

꿈을 이루어주는 3대 정신

곧 취업 준비를 해야 할 텐데,
노력하는 것에 비해 학점도 별로고 특별히 튀는 점도 없어요.
집안사정은 요 몇 년 사이 점점 안 좋아지고…….
막막하다 보니 마음만 약해지네요.
제 희망은 최윤희 선생님처럼 되는 거예요.
비결 좀 알려주세요!

_심은지 | 22세, 대학생

세상에 완벽한 지도란 없다.
중요한 것은 나의 목적지가 어디인지
늘 잊지 않는 것이다.

_한비야 | 여행작가, 긴급구호 전문가

나를 닮고 싶다고요? 아휴, 보는 눈은 있어가지고! 호호^^
그 무모한 판단과 탁월한 안목에 우선 짝짝짝~ 박수를 보내고 싶어요.
저같이 모자란 사람을 괜찮게 봐주시니 얼마나 이쁜 분인지~!
띨하고, 맹하고, 푼수로 소문난 제가 그나마 괜찮아 보이는 사람이
된 것은 요 '3가지 정신'을 필수품으로 가지고 사는 덕분이랍니다!
첫째, 맨땅에 헤딩하기, '맨딩' 정신!
인간의 능력은 사실 거기서 거기예요.
다만 '저 상황에 뛰어들어? 말아?'를 결정하는 데서 차이가 생길 뿐!
겉보기에 최악의 상황이라도 자그마한 가능성을 보고 밀어붙일 때,
더 큰 성공이 오더라고요.
둘째, 죽기 아니면 까무러치기, '죽까' 정신!
사람들은 모두 살아가면서 무수한 테러, 지진, 쓰나미, 허리케인을
만나요. 일단 맨땅에 헤딩하고 나면 두 눈 부릅뜨고 젖 먹던
힘까지 내서 덤벼야 해요. '에라 모르겠다. 끝까지 가보자!' 하고요.
셋째, 깡다구 있게 벌떡 일어나기, '깡벌' 정신!
권투 선수라면 누구나 링에서 쓰러지게 마련이지만,
못 일어나는 선수와 벌떡 일어나는 선수가 있죠.
챔피언 벨트는 누구 몫일까요? 인생도 마찬가지!
이 세 가지 정신만 가지고 산다면 누구나
꿈에 한발 더 다가설 수 있답니다. 바로 제가 그 샘플 휴먼!
그런데, 지금 이 순간 제가 확신하는 게 하나 있어요.
은지 씨가 저보다 백배 천배 더 멋진 사람이 될 수 있다는 것!
나이 마흔 다 되어 난생처음 생활전선에 뛰어들었던
소심쟁이 아줌마보다는 조건이 훨씬 좋잖아요~!

'생각대로' 살지 못하면 '사는 대로' 생각하게 된다

저녁 약속을 뿌리치지 못해서 걱정입니다.
그게 왜 문제냐고요? 날마다 술을 마시게 돼서죠.
조금씩 '술배'가 나오기 시작하더니,
요즘은 병원에 가면 담당의사가 대놓고 뭐라고 할 정도입니다.
아직 살날이 창창하다 생각하니 겁이 더럭 나더군요.
36인치인 허리둘레가 딱 32인치만 됐으면 좋겠어요.

_장광혁 | 50세, 자영업

저녁마다 약속이 있다는 것은
그만큼 당신을 찾아주는 사람이 있다는 것!
사회생활하는 데 인기와 대인관계는 빼놓을 수 없는 요소죠!
그러나 이제 중년이신데 날마다 술을 마시는 것은 문제가 있어요.
임산부의 D라인은 세상에서 가장 아름다운 라인이지만,
중년남자의 D라인은 자기관리 D학점의 증거일 뿐이죠.
게다가 복부비만은 건강의 적!
내장에 지방이 끼면 치명적인 질병까지 불러들인다잖아요.
인맥 관리하다가 인생 관리까지 망칠 수야 있나요?
바로 지금, 더 중요한 것이 뭔지 차분히 생각해 보세요.
먼저 내가 원하는 삶이 어떤 거였나,
인생관을 재정립해 보세요.
'어라, 내가 별생각 없이 살고 있었구나.' 하고 깨닫는 순간,
시간이 없어서 운동을 못 한다거나
괜히 미적거리다가 술자리에 끌려가는 일도 줄어들 거예요.
예전에 '성인병'이라고 부르던 질병들을
이제는 '생활습관병'이라고 부른답니다.
원하는 대로 살려면 '나 자신'부터 바로 세우세요.
술자리는 일주일에 한 번쯤으로 줄이고 빨리 운동부터 하세요.
제 남편도 임신 8개월 만삭 배였는데
새벽마다 맨발로 뒷산에 오르는 저를 보고 자극 받았는지
운동 열심히 하더군요.
요즘은 미스코리아(!)에 출전해도 될 만큼 허리가 쏙 들어갔어요.
장광혁 님도 도전해 보세요!

다이어트의 이유를 업그레이드하라

요즘 옷들은 왜 이렇게 작게 나오는 거예요?
44사이즈를 넘어서 33사이즈도 있대요, 글쎄!
반면 저처럼 넉넉한 체형을 위한 옷들은
웬만한 인터넷 쇼핑몰이나 백화점에는 없는 거 있죠.
살찐 것도 억울한데, 예쁜 옷도 못 입고……!
저도 몸짱이 되고 싶어요.

_익명의 여성 | 23세, 체중이 68kg예요ㅜㅜ

모든 과잉은 결핍을 초래한다.
모든 결핍은 과잉을 초래한다.

_R. W. 에머슨 | 미국의 시인이자 사상가

33사이즈? 어머, 그거 아동복 아닌가요?
44사이즈 열풍은 저도 불만이에요.
여자들은 건강도 다 팽개치고 무조건 마네킹 몸매가 되라는 건가요?
그런 풍조 때문에 충분히 마르고도 더 마르고 싶어하다가
거식증에 걸리는 젊은 여성들이 늘고 있잖아요.
젊음과 건강과 행복을 몸매 하나에 걸어서야 되겠어요?
그래도 비만은 건강의 적!
먹는 것은 살짝 줄이고 움직임은 조금 늘려보세요.
하루에 300에서 500킬로칼로리 정도만 줄여도
신체의 노화를 늦춘다는 연구 결과도 있어요.
300킬로칼로리는 밥 한 공기에 해당되는 열량이래요.
누구의 눈에나 절대적으로 날씬해 보이기를 바라지 마시고,
자신만의 건강 몸무게를 찾아서 관리하면 OK!
당신이 다이어트하는 이유는 남의 눈에 들기 위해서가 아니라
자신을 조금 더 열렬하게 사랑하기 위한 것입니다.
다만 목표는 확실하게 세워서
관리는 아주 엄격하게, 매우 단호하게, 무지 야박하게!
그렇게 지켜나가다 보면 날씬한 몸매는 절로 따라옵니다.
하지만 무엇보다 중요한 것은
자기 몸 사랑하기, 자기 삶 사랑하기!
스트레스를 받으면 스트레스 호르몬 때문에
식욕이 왕성해지거든요.
몸무게에 대해서도 스트레스 받지 마세요.
그 스트레스 때문에 더 쪄요!
그러니 건강한 마음으로 삶을 즐기며 열심히 살 것!

술보다 맛있고 매력적인 수다에 취하라

술을 끊고 싶은데 잘 안 돼요.
몸도 예전 같지 않고, 가끔 실수까지 하니 걱정도 되고요.
그런데도 퇴근시간만 되면 나를 쭉쭉 끌어당기는 술!
아휴, 이놈의 술! 어떡해야 하죠?

_익명의 여성 | 29세, 회사원

조심하라.
질병과 슬픔과 근심은 모두 술잔 속에 있다.

_H. W. 롱펠로 | 미국의 시인

저처럼 술을 너무 못 마셔도 사회생활하기 힘들지만
술을 너무 많이 마셔도 안 좋을 것 같아요.
건강에 적신호! 그리고 실수할 수가 있으니까요.
혹시 필름도 종종 끊기시나요?
'술만 마시면 필름 끊기는 그녀의 어젯밤 사라진 기억 찾기'를
소재로 영화까지 만들어지고 있대요.
그런 걸 보면, 같은 고민을 갖고 있는 사람들이 많긴 많나 보네요.
그런데 술을 많이 마실수록 뇌 크기가 줄어든다는 거 아세요?
뇌가 일종의 영양실조 상태에 빠지는 거죠.
그러다 보면 술 마시지 않은 상태에서도
기억이 깜빡깜빡하는 증세가 생기게 되고,
심하면 알코올성 치매도 올 수 있다잖아요?
이제 자기 자신한테 단호하게 명령하세요.
제가 명령 리스트를 알려드릴 테니 참고해 주세요.
하나, 일주일에 두 번 이상 술자리 금지!
둘, 한 번 마실 때 소주 반 병 이상은 절대 삼갈 것!
셋, 술 좋아하는 친구보다 대화에 집중하는 친구 더 자주 만나기!
수다파티는 어떤 술보다 더 취하기 쉽고 매력적이랍니다.
제가 바로 그렇게 살고 있어요!
술 한 모금 안 마셔도 너무 재밌어서 내가 취해 버리는 수다친구들.
다양한 정보도 교환하고 마음속 찌꺼기도 다 쏟아버리니까
건강에 청신호가 켜진답니다.
술은 깔끔하게 끊고, 친구와의 수다는 끊지 마세요.

사랑받는 남편의 무기는 구릿빛 정신과 규칙적인 운동!

나이 마흔을 넘기면서부터 하체부실이 심각하다.
아내가 샤워하는 소리가 무섭다.
지금 내게 가장 필요한 것은 강력한 체력!
나의 소원은 자나 깨나 하체 튼튼!

_박모 씨 | 45세, 법조인

건강은 두려움에 대항해 싸울 수 있는 힘을 주고
어떤 확증이나 보수 없이도 모험을 걸게 한다.

_레오 버스카글리아 | 미국의 교육자, 작가

푸하하! 당신의 꿈은 꿈이 아니라 거의 절규군요!
그러나 솔직한 당신에게 저는 박수부터 쳐드릴래요.
남자들 괜히 헛폼 잡으면서 혼자 끙끙 앓잖아요.
하체부실이라고 뻥뻥 큰소리쳐대는 것을 보면,
그래도 당신에게는 희망이 있군요!
말 나온 김에 나이 핑계 쏙 들어갈 이야기 하나 해드려요?
74세에 미스터코리아 대회에 나간 할아버지가 계신다는 사실!
50년째 보디빌딩을 한다는 조해석 할아버지는
한국보디빌딩협회 최고령 선수라는데요,
욘사마 오빠, 비 오빠 다 펑펑 울고 갈 근육의 소유자예요.
하체부실? 그분 사전에 그런 말은 눈 씻고 찾아도 없답니다.
집에서 헬스클럽까지 두 시간씩 걸어 다녔더니
돌덩이 같은 하체를 갖게 되셨다나요?
덕분에 할머니하고 금슬도 최고시랍니다, 으흐흐…….
"보약이고 비타민이고 필요 없어!
잘 먹고 규칙적으로 살면 나처럼 몸짱 되는 거야."
몸짱 할아버지가 후배들에게 전하는 말입니다.
당신에게도 최고의 약은 운동밖에 없어요.
자나 깨나 운동, 운동, 운동!
당신은 이미 솔직담백한 건강한 정신의 소유자.
그 빛나는 구릿빛 정신에 건강한 육체만 가지면
그 이상 무엇이 필요하리오!

절제, 통제, 자제의 '3제 시스템'을 가동하라

제 통장 안에는 돈벌레가 살고 있나 봐요.
회사는 열심히 다니는데, 어쩜 이렇게 잔고는 그대로일까요?
제가 쓰는 돈이라고 해봤자,
철 바뀔 때 옷 좀 사고, 구두 한두 켤레, 화장품 약간,
친구들이랑 맛집 순례 살짝 하는 정도.
아무래도 벌레가 살고 있는 게 분명해요!
돈을 아끼는 사람이 되고 싶어요.

_강은미 | 25세, 회사원

이 세상은 우리의 필요를 위해서는 풍요롭지만
우리의 탐욕을 위해서는 궁핍한 곳이다.

_마하트마 간디 | 인도의 민족운동 지도자

돈을 슬금슬금 먹어치우는 돈벌레…….
은미 씨, 은근히 귀여운 유머짱이시네요!
그런데 살짝 비겁하기도 하다는 거, 인정하시죠?
자기가 한 짓을 돈벌레에게 은근슬쩍 덮어씌우다니~
일단 금전출납부부터 써보세요.
이미 알고 있는 처방이라고요?
실행하는 것과 알고만 있는 것은 하늘과 땅 차이!
눈 딱 감고 당장 시작해 보세요.
수입과 지출을 한눈에 보는 것이 가장 시급한 일이에요.
그렇게 되면 욕망의 불꽃이 아무리 당신을 유혹해도
섣불리 저지르지 못해요.
이쁜 옷, 구두, 가방을 봐도 '아차차, 안 돼! 참아줘!'
하고 스스로 제동을 걸게 된답니다.
인간이 아름다운 이유는?
절'제'하고 자'제'하고 통'제'할 수 있다는 것!
절제, 통제, 자제, 3제 시스템으로 야무지게 재테크하세요.
적금이나 보험금을 자동이체시켜 놓는 건 기본이죠.
매달 불입해야 하는 돈을 정해 놓으면 멋대로 지출할 수가 없어요.
25세라면 현재를 위한 과소비보다는
미래를 위해 저축에 신경 써야 할 나이예요.
별일 없는 한 수입의 30~50퍼센트는 꼭 저축하세요.
나중에 저한테 고맙다고 할 거예요!

적당한 애교는 뻣뻣한 인생을 풀어주는 막강 웨이브

여자는 아무래도 애교죠?
10대 소녀 아이돌 그룹에 오빠들이 녹아내리는 이유가 뭐겠어요?
작렬하는 애교 때문이겠죠. 저랑은 먼 얘기지만요.
저는, 어려서부터 무뚝뚝하다고 어른들한테 야단도 많이 맞았어요.
그래서 똑같이 잘해도 칭찬은 덜 받고
똑같이 못해도 더 야단맞는 것 같아서 너무 억울할 때도 있어요.
저도 제발 애교 좀 있었으면 좋겠어요.

_최세라 | 20세, 대학생

인생에서 성공하고 싶으면 많이 웃어라.
평판이 좋고 남들로부터 사랑받는 사람은
멋진 미소의 소유자다.

_제임스 맥코넬 | 미국의 심리학자

애교하고는 아예 담쌓고 산 사람, 여기 한 명 추가요!
저는 생긴 것 자체가 터프한데 그 모습으로 살살 애교를 피우면
오히려 사람들이 기겁하고 도망갈까 봐 분수를 지켰죠.
그런데 괜히 그랬나 봐요.
제 친구 중에 '애빼시=애교 빼면 시체!'가 있어요.
그 친구도 저하고 비슷한 '슈렉과'인데
뜻밖에도, 애교로 들이대니까 제법 인기가 있더라고요.
하긴 웃는 얼굴에 침 못 뱉고, 애교 앞에 장사 없잖아요.
TV에서 가끔 소개되는 연예인들의 NG 모음 보셨죠?
터프하기 짝이 없는 남자 배우들까지 혀를 쏙 빼물고 애교 떠는 모습!
반복되는 NG에 짜증이 머리 꼭대기까지 났을 법한 스태프들도
애교 앞에 무너져서, 허허 웃고 넘어가죠.
우아함의 대명사인 탤런트 이영애 씨도
최근에 별명 하나 붙었잖아요. 이른바 '애교영애'!
드라마 〈대장금〉을 연출했던 이병훈 PD에게 보낸 문자 덕이었죠.
'감독님, 영애예요. 잘 봤습니당.
다치셨다는데 걱정돼요. 건강 신경 써주세요.^^'
애교도 훈련이고 연습이랍니다.
콧소리가 영 체질에 안 맞는다면, 애교 문자부터 시작해 보세요.
[감사합니당~^^] [감기 조심하세용~^^]
이렇게 말이죠. 아시겠죵?^^

'빈틈 매력'으로 당당하게 어필하라

저는 '오버소녀'랍니다.
사람들이 날마다 저보고 하는 말이 '오버 좀 하지 마'예요.
저는 있는 그대로의 모습을 보이는 것 같은데,
저도 모르게 오버를 하나 봐요.
웃음거리가 되는 내 자신이 싫어져요.
오버하지 말아야 하는 걸까요?

_김혜은 | 19세, 대학생

당신이 잘하는 일이라면
무엇이나 행복에 도움이 된다.

_버트런드 러셀 | 영국의 철학자, 사회평론가

아휴, 뭘 모르시는 말씀!
행복하게 사는 데 '3오'는 없어서는 안 될 양념이라고요.
'3오'는 곧 오버, 오두방정, 오지랖!
평생 오버하지 않고 딱딱하게 견과류처럼 사는 사람들은
숨 막혀서 사람들이 다 싫어해요. 친구도 없고요.
주변은 늘 썰렁~ 왜? 펭귄들만 친구하자고 덤비니까! 하하^^
적당한 오버는 인생 필수품이에요.
주변에서 그런 사람들 보면 귀엽고 사랑스럽기만 하던데요?
웃음거리가 된다고 걱정하는데,
거기 딱 어울리는 말이 바로 '걱정도 팔자'예요.
연예인들이 일부러 망가지는 이유가 뭔지 아세요?
오버하고 망가지면 사람들이 마구 웃으면서
인기지수가 쭉쭉 UP! 되기 때문이죠.
사주팔자를 볼 때 '망신살'이라는 게 있어요.
이름만 봐서는 무지 나쁜 것 같죠?
하지만 유명 코미디언들에게 '망신살'은 필수랍니다.
사람은 빈틈이 있어야 매력도 있는 법!
누가 뭐래도, 할 수만 있다면 마음껏, 실컷, 오버하세요.
오버는 행복으로 가는 청룡열차!
행복의 반대쪽으로 가는 '3오'도 가르쳐드릴까요?
불행을 부르는 3총사는 바로 오리발, 오리무중, 오해.
이 '안티를 부르는 3오'만은 제발 멀리해 주세요.

결혼은
필수과목이 아니라
행복한 선택과목

도대체 세상 싱글남들은 다 어디로 간 거예요?
제 나이도 이제 곧 삼십대 중반인데…….
아무리 찾아봐도 남자가 안 나타나네요.
그래서 반쯤 포기하는 마음으로 독신을 선포했어요.
그러니 좀 있어 보이지 않나요? 호호^^

_박명희 | 33세, 싱글녀 방송작가

관계에 대해서 생각해 봤다.
어떤 관계는 새롭고 자극적인 면을 보여준다.
익숙하고 오래된 관계가 있고 많은 질문을 불러오는 관계도
있다. 예상치 못한 일을 불러오기도 하며 장족의 발전을 하는
관계도 있는가 하면, 본래의 모습을 되돌려주기도 한다.
하지만 가장 흥미롭고 힘들고 중요한 관계는,
자기 자신과의 관계다.

_미국 드라마 '섹스 앤 더 시티' 중에서

요즘 세상에 결혼을 꼭 해야만 하는 건 아니잖아요?
결혼은 필수가 아니라 선택!
오히려 자유롭게 싱글을 즐겨보세요.
그러다 사랑하는 남자가 나타나면 결혼하는 것 아니겠어요?
저는 결혼을 너무 일찍 해서 그런지
다시 태어나면 싱글로 살고 싶어요.
사람들은 모두 다 가보지 않은 길, 반대편 길을 동경하나 봐요.
참고로 제 딸도 서른다섯까지 결혼을 안 했었어요.
정작 우리는 괜찮은데 주변에서 저한테 스트레스 좀 줬죠.
"넌 딸 시집도 안 보내고 같이 늙어갈 거냐?"
그러다 딸이 서른여섯에 결혼했고,
지금은 무지 행복하게 살고 있답니다.
저 같으면 자신 있게 말하겠어요. 결혼에 적령기는 없다고.
적령기라는 이유만으로 쇼핑하듯 결혼하는 젊은 남녀의 모습은
때로 슬프기까지 하다고요.
열여덟 살에 결혼하든 쉰 살에 결혼하든 무슨 상관이에요?
결혼을 위한, 결혼에 의한, 결혼의…… 인생이 될 이유는 없잖아요?
내 인생은 나의 것! 내 삶의 주인은 나!
인생 자체에 충실하게 사는 게 우선순위 제 1번!
나 스스로에게 자신이 생기는 날,
눈에 콩깍지를 확~ 씌워주는 소울메이트를 만나지 않을까요!

빨리 가는 것이 아니라
바로 가는 법을 배워라

제발 뭐든 당첨 한번 돼봤으면~
아파트 청약 당첨도 늘 남의 일! 로또는 아예 바라지도 않는다.
패밀리 레스토랑에서 하는 시시한 경품 추첨도 안 되고
고작해야 마트에서 플라스틱 반찬통이나 받는 정도?
세상에는 나보다 힘들게 사는 사람들이 많다는 건 알지만
그저 운 하나 좋아서 호의호식하는 사람들도 많지 않은가.
가끔은 나한테도 '행운'이라는 것이 와주었으면 좋겠다.
_김기수 | 35세, 착하고 성실하게 산다고 자부하는 회사원

어쩜 그렇게 저하고 똑같으신가요?
저도 이제껏 근사한 것에 당첨된 적이 단 한 번도 없답니다.
그래서 이젠 아예 기대도 안 해요.
가난한 신혼 시절 무려 스물두 번이나 월셋방 이사를 다닐 땐
내 집 갖는 것이 오매불망 나의 꿈, 나의 소원, 나의 희망!
그래서 그때는 일주일에 한 번씩 꼭 주택복권을 샀어요.
주말 이벤트, 소박하지만 내겐 가장 큰 행사였죠.
그러나 딱 한 번 천 원짜리에 당첨됐을 뿐,
그 이상의 행운은 없었어요.
야속하고 억울하기도 했지만 생각을 바꿔버렸어요.
'그래, 공짜는 내가 먼저 거부하마.
오로지 내 힘으로 돈을 벌어서 꼭 집을 장만하겠어!'
그랬더니 오히려 가뿐해지고 씩씩해지더라구요.
사람 마음처럼 간사한 것도 없다니까요.
한 연구결과에 따르면 로또 당첨자들의 경우
세 명 중 한 명이 5년 안에 파산하기도 한대요.
그런 데에 귀한 인생 걸 것 있나요? 이제 당신도
'까짓것, 당첨 안 되면 어때? 내 힘으로 벌어 사지 뭐!
시시하게 그까짓 운 하나에 인생을 걸 내가 아니지.
당첨돼도 거부해 버릴 거야. 흥!'
이렇게 단호하게 생각해 버리세요.
당신 몸에서, 당신을 둘러싼 우주에서
신비한 에너지가 팍팍 솟아나올 테니까요!
하늘도 당신을 향해서 환호하고 응원해 줄 거예요.

노년이란, 제철에야 거둘 수 있는 과일 같은 것

내 나이 어느새 육십,
푸르른 청춘들이 부럽다.

_환갑을 눈앞에 둔 박미자

늙음이란 절망의 이유가 아니라 희망의 근거이며,
천천히 쇠락하는 것이 아니라 점진적으로 성숙하는 것이며,
견디어낼 운명이 아니라 기꺼이 받아들일 기회다.

_헨리 나우웬 | 미국의 가톨릭 사제, 작가

9988이란 소리도 못 들어보셨나요?
99세까지 팔팔하게 살자!
100세 시대에 겨우 예순이라는 나이로 한숨을 쉬시다니요!
존 글렌이라는 우주인은 77세에 우주여행에 도전해서 성공했어요.
지구로 귀환한 그의 첫 멘트가 뭔지 아세요?
"달력의 나이는 집어치워라. 내 나이는 내가 만든다!"
제가 존경하는 정광모 회장님은 77세부터 피아노를 배우셨어요.
요즘은 아침마다 자신을 위해 '해피 버스데이'를 연주하신대요.
'넌 오늘 새로 태어났어. 축하한다!' 하는 뜻이죠.
청춘을 부러워하지 않고 직접 청춘으로 사는 모습,
얼마나 멋진가요?
최근 〈뉴욕 타임스〉에 소개된 연구 결과를 보니까,
노인들의 두뇌가 젊은 사람들의 두뇌보다 더 현명하대요.
젊은 사람들의 뇌는 사람 이름이나 전화번호 등
한 가지 사실을 잘 포착하지만
경륜 있는 두뇌는 여러 가지 사실을 동시에 흡수할 수 있는
'유연성'을 갖고 있다는 사실!
무엇이 중요한지 판단하고, 갑작스럽게 닥치는 위기상황 앞에서
젊은 '얼라'들보다 어르신들이 훨씬 더 능력을 발휘한다는 거죠.
과학적으로 증명이 됐으니 누가 감히 딴죽을 걸겠어요?
젊음보다 훨씬 더 많은 가능성을 지닌 노년!
새롭게, 마음껏 누려보세요.

여기,
아줌마가 간다!

이 세상에 아줌마의 본때를 보여주고 싶다.
나, 고생할 만큼 했고, 지금도 열심히 살고 있다.
자기들도 나이 들면 어찌 될지 모르고 떠드는 어린 여자들이나
아줌마라면 무작정 무시하는 남자들에게,
"우리가 어떻게 살아왔는지 너네는 몰라!"
하고 거침없이 쏘아붙이고 싶은 이 마음.
아줌마의 거친 반항심일까?

_이정애 | 53세, 주부

여자는 티백과도 같다.
그녀가 뜨거운 물에 빠졌을 때에야
그녀가 얼마나 강인한지 알게 될 것이니까.

_낸시 레이건 | 미국의 40대 퍼스트레이디

아줌마들은 위대하다!
아줌마들이 위대한 이유, 저는 1박2일 동안 잠도 안 자고
이야기할 수 있지만 대표로 딱 두 가지만 말해 보겠어요.
첫 번째 이유!
국어사전에 담긴 단어 중 가장 강하고 가장 따뜻한 단어는?
두말할 것도 없이 어머니죠. 그럼 가장 아름답고
가장 매력적인 단어는? 바로 여자!
그래서 어머니인 동시에 여자인 '아줌마'는 위대한 이름이죠.
두 번째 이유!
어디 한번 지구상의 남자를 모두 지구 밖으로 출장 보내보세요.
그래도 지구는 쌩쌩 잘 돌아갈 거예요.
그러나 여자를 모두 지구 밖으로 출장 보낸다면?
아이쿠, 이 지구는 그대로 스톱! 멎어버릴 거예요. 왜냐고요?
남자가 하는 일을 여자는 뭐든 할 수 있지만
여자가 하는 가장 위대한 퍼포먼스를 남자는 할 수 없으니까요.
남자가 천만 명이 있어도 여자 한 명 못 만들잖아요?
그러나 여자는 딱 한 명만 있어도
마음만 먹으면 남자를 스무 명도 만들 수 있어요!
아줌마는 이 지구를 지키는 '특별수호대'라고 할 수 있죠.
기억하시나요? 대한민국이 IMF를 이겨낸 것도 절반은 아줌마들 덕!
한 가정의 공동 CEO인 아줌마에게는 다른 이름들도 많죠.
엄마, 마누라, 집사람, 장모님 등등……
모두들 이 여러 얼굴의 '아줌마' 덕분에 살아오지 않았나요?
아줌마들, 자부심 **빵빵**하게 가져주세요!

행복 인출 통장의
비밀번호는
당신의 웃음

넉넉하고 행복한 노후를 맞이하고 싶어요.
돈이 넉넉해야 마음도 넉넉하지 않겠습니까.

_퇴직을 앞두고 힘 빠진 한 남자 | 53세

후회가 꿈을 대신하는 순간부터
우리는 늙기 시작한다.

_지미 카터 | 미국의 39대 대통령

언젠가 라디오에서 뉴스를 들었어요.
어떤 남자가 술을 먹고 택시를 탔는데 지갑에 돈이 없었대요.
그래서 현금인출기에 카드를 넣고 현금을 꺼내려고 했죠.
그런데 계속 '잔고부족' '잔고부족' 하는 소리만 나오더래요.
남자는 화가 나서 인출기에 불을 질러버렸대요.
그가 남긴 것은 금전손실 1억 2천만 원!
뉴스를 들으면서 생각해 봤어요.
우리 인생도 마찬가지가 아닐까.
나도 나중에 나이 들어 '행복인출기'에서 행복을 꺼낼 때
'잔고부족, 잔고부족' 소리나 들으면 어쩌나?
평소에 웃음, 기쁨, 노력, 봉사, 칭찬, 감사를 많이 저축해 둬야
행복한 노후, 넉넉한 노후를 맞이할 수 있겠죠.
아름답게 노년을 맞고 있는 지미 카터 전 미국 대통령이
이런 말을 했어요.
'누구보다 바쁘고 힘들었던 삶을 되돌아보니
가장 행복하고 아름다운 시간은 사랑하는 사람들과 함께했던
소소한 일상이었고 짧은 여행이었고, 취미활동이었다.'
지금부터라도 저축 많이 하세요.
'웃음' 저축, '감사' 저축, '기쁨' 저축, '봉사' 저축…….
누구에게나 먼저 다가가고, 사랑하는 사람과 많은 시간을 보내세요.
그렇게 살면 '인생통장'은 언제나 잔고가 찰랑찰랑~
행복통장의 인출 한도는 무한대랍니다.

심장이 셋인 양 달려라, 다시는 못 할 것처럼 즐겨라

저는 박지성 형을 제일 좋아해요.
형처럼 멋진 축구선수가 되고 싶어요!

_김승범 | 초등학교 3학년

만약에 진짜 중학교에 못 가면 어쩌나 하며 걱정을 한다.
엄마의 걱정을 푸는 김에 나의 걱정도 풀어야겠다.
이 일을 풀 길은 하나뿐, 밥을 많이 먹는 길밖에 없다.
그래서 엄마가 주신 양은 꼭 먹고 골고루 먹어
덩치가 커지고 키도 커져서
축구를 더욱 더 잘할 수 있도록 노력하여
중학교는 물론 고등학교, 대학교, 국가대표까지 갈 것이다.

_박지성 | 축구선수, 초등학교 시절 일기 중에서

오~ 멋진 소년!
박지성 형 같은 축구선수가 되고 싶다니 우선 박수를 짝짝짝~
박지성 선수는 초등학생 시절부터 일기장을 온통
축구 전술 메모로 가득 채웠다고 하네요.
물론 훈련도 죽기 살기로 열심히 하는 선수로 유명하죠.
박지성 선수는 원래 잘 뛰기 힘든 평발인데도
어찌나 연습을 지독하게 했던지,
지금은 매 경기마다 누구보다 종횡무진 많이 달려서
'박지성은 심장을 3개 가지고 있다'는 말까지 듣는대요.
박지성 형 발이 어떻게 생겼는지 본 적 없죠?
수없이 상처가 났다가 굳은살이 박여서
나무뿌리처럼 아주 울퉁불퉁해요.
열심히 달리며 연습해서 얻은 훈장이죠.
세계 최고 수준에 오른 지금도 그렇게 연습을 많이 한대요.
역시, 천재는 노력하는 자를 이길 수 없으며,
노력하는 자는 즐기는 자를 이길 수 없다는 말이 맞나 봐요.
우리 승범 군은 목표 하나는 확실하게 정했으니,
'축구를 사랑하는 즐거운 마음으로' 끊임없이 배우고 훈련한다면
어느새 세계적인 축구선수라는 꿈에 한 발짝 다가가 있을 거예요.
제가 지금 마음속으로 축구공 하나 보낼 테니 받아주세요.
자, 날아갑니다. 퀵, 퀵!

2부

이해에 희망이 있다.
이해라는 작은 씨앗 한 톨이 하늘에서 떨어져
황량하기 짝이 없는 마음에 '착륙'하는 순간,
희망 한 점 없이 굳어 있던 세상이 꿈틀한다.
가슴속에 햇살을 품은 듯 포근해지는 이해의 세계!
그 속에서 온갖 빛깔을 띤 폭죽이
반짝반짝 빛을 내며 솟구친다.
조금 전까지만 해도 어둡고 칙칙하던 마음이
애드벌룬처럼 하늘 높이 치솟아오른다.
그래서 이해는 인생의 날개!

행복멘토 최윤희

이해를
제안하다

미국 프로 미식축구계의 영웅 하인즈 워드 선수는
잘 알려진 것처럼 한국인 어머니를 둔 혼혈아다.
낯선 땅 미국까지 가서 남편에게 버림받은 그의 어머니는
하루 16시간씩 일하며 아들을 키웠다.
접시를 닦고, 호텔 청소를 하고, 잡화점 계산대에서 일했다.
그러나 아들은 친구들에게 혼혈아라고 놀림받는 게 싫어서
어머니의 존재를 부끄러워했다.
어느 날 하인즈 워드는 친구들이 볼까 봐, 늘 그랬던 것처럼
어머니가 운전하는 차 안에서 몸을 낮게 숙이고 있었다.

그러다 문득 어머니의 옆얼굴에 흐르는 눈물을 보았다.
그리고 새삼스레 깨달았다.
자신에게는 또래에 비해 비싼 옷을 사주는 어머니,
그러나 당신을 위해서는 옷 한 벌 사지 않는 어머니의 존재를!
'나를 위해 희생하는 어머니를 부끄러워하다니.'
그날 이후, 하인즈 워드는 혼혈이라는 자신의 인생을
외면하지 않고 있는 그대로 받아들였다.
그리고 오늘의 자리에 우뚝 섰다.
어머니에 대한 '이해'가 그의 내면에 힘을 실어줬다.
날개를 달아줬다.

미국 캔자스시티의 한 식료품 가게에서
종업원으로 일하던 에바 베츠에게
어느 날 은행으로부터 거액의 수표가 날아왔다.
가게에 정기적으로 찾아오던 노인이 그녀에게 유산으로 남긴 것.
거동이 불편한 노인이 가게에 올 때마다 에바는 쇼핑을 도왔다.
병원에 입원했을 때는 병문안을 가기도 했다.
특별한 것은 없었다.
단지 '얼마나 힘들고, 얼마나 쓸쓸할까' 하는 생각에
자연스레 나온 행동이었을 뿐.
그런 에바의 손에 다른 이를 마음 열고 받아들였던
'이해의 세계'가 건네준 선물이 전해진 것이다.

좀 더 넓은 세계로 우리를 안내해 주는 이해라는 디딤돌!
희망을 찾는 여정의 두 번째 키워드는 '이해'다.

내 머릿속 생각의 스위치를 찾아라

아휴, 내 인생의 '웬수' 김 부장!
그 인간 좀 안 보고 살았으면 원이 없겠습니다.
살맛 나는 날이라곤 김 부장 휴가 간 날뿐!
최윤희 선생님은 이런 맘 모르시겠죠?
적어도 이런 걱정은 없으시겠죠?

_이름을 밝힐 수 없는 자칭 완소남 | 29세, 회사원

제가 그런 고충을 모른다고요?
저로 말할 것 같으면, 세 살 연하의 상사가 저를
개인 심부름센터로 알뜰하게 활용했었죠.
자기 집 각종 공과금 및 등록금 납부까지 시키는데,
꼭 마감일 오후에 고지서를 주는 거예요.
또 술 냄새 팍팍 풍기면서 꽥꽥 소리 지르던
다른 상사도 있었고, 종류별로 웬만한 건 다 겪어봤죠.
허구한 날 화장실에서 눈물 콧물 찍어내며
울던 시절이 제게도 있었답니다.
그런데 그 시절, 문득, 불현듯, 생각을 확 뒤집어봤어요.
'그래, 저 인간 때문에 내가 고생하는 게 아니라
저 사람 덕분에 극기훈련하는 거야. 인격수양하는 거야.'
'생각의 스위치' 하나 바꾸니까 거짓말처럼 평화로워지더군요.
그런 고민에서 벗어나는 가장 쉬운 길은 생각을 뒤집어보는 것.
어쩌면 상사가 보기엔 당신이 웬수일 수도 있지 않을까요?
'그래, 저 사람도 돌아서면 나 때문에 죽고 싶을지도 몰라.'
하며 한번 봐주세요.
그래도 죽기 살기 미울 땐? 제 노하우 하나 알려드리죠.
마음속으로 재빨리 그 사람 얼굴에 가면을 씌워버리는 거예요!
마빡이 가면, 영구 가면, 저팔계 가면…….
자칫 웃음을 못 참을지도 모르니 살짝 주의하시고요.
정말정말정말 못 참겠다 싶을 때는
머릿속으로 욕사마가 되어 실컷 퍼붓는 것도 괜찮아요.
이 '후'레지아 꽃 같은 넘! 이 '씨'베리아 벌판 같은 넘!
어때요? 좀 '씨원'하신가요? 하하핫!

상처 없는 영혼을
감싸는
달인이 되는 법

제발 술 먹고 뻗어버리는 사람들이 줄어들었으면…….
너무 크게는 바라지도 않아요.
술장사하려면 그런 사람도 견뎌야겠죠.
한 달에 서너 명 정도만 있으면 춤을 추겠어요.
그런데 요즘은 경기가 안 좋아서 그런가,
'하루'에 서너 명씩 있으니 내가 어찌 배겨내겠어요?

_빈대떡집 주인아줌마 | 58세, 21년째 오직 한 길, 빈대떡집 운영

첫 잔은 갈증을 풀기 위해
둘째 잔은 영양을 위해
셋째 잔은 유쾌하기 위해
넷째 잔은 '미치기 위해' 마신다.

_로마 속담

술을 먹고 큰 대 자로 누워버리는 사람들.
집인지 여관인지 착각하는 사람들.
나 몰라라~ 날 잡아 잡수~ 하고 뻗어버리는 사람들.
그런 불량고객님들을 볼 때면
마음에 참을 인(忍)자 세 개를 그려도 '욱' 하고 치밀겠죠.
그런데요, 따지고 보면 모두 다 안쓰러운 사람들 아니겠어요?
자기 어깨 위의 짐이 너무 무거워서 술에 기대보는 사람들.
불쌍하게 봐주세요.
그래도 정 못 참겠으면 이런 방법 한번 써보세요.
술을 제한해서 파는 거예요.
한 사람 앞에 얼마까지만 팔겠다는 '영업방침'을 정하세요.
그리고 벽에 크게 써서 붙이세요.
포스터처럼 그림도 그려서 이쁘게 붙여놓으세요.

> 우리 집은 즐거운 집^^
> 고객들께 특별히 부탁드려요.
> 술은 즐기는 것~
> 술이 술을 마시고 술이 사람을 마시면 건강에 나빠요.
> 우리 집은 술을 사랑하고 즐기는 사람들만 오시는 곳.
> 행복한 시간을 위해서 1인당 소주 1병!

재밌는 그림을 곁들여 이렇게 붙여놓으면
불량고객들이 조금은 줄어들지 않을까요?

'당연한 일'이 지니는 가치

구두쇠 남편이 미워요.
생활비도 '모기눈물' 만큼씩 주면서
잔소리는 어찌나 그리도 심한지!
은행원 출신이라선지 콩나물 값도 하나하나 따져요.
제발 돈 좀 원 없이 써봤으면!

_한수미 | 39세, 결혼 12년차 주부

영국 주부들의 연봉을 계산해 보면
3만 파운드(우리 돈으로 5,525만원),
영국인 평균연봉 2만3천7백만 달러보다 높다.
육아 일당은 가장 높아 36.8파운드,(273분)
청소와 세탁은 일당 7.1파운드(71분),
요리하는 데 17.3파운드(63분),
침실 정리에 1.29파운드(14분)
가계 관리에 12.5파운드(39분),
쇼핑 2.1파운드(18분) 등

_가정주부 네트워킹 사이트인 올조인온닷컴(www.alljoinon.com)이
영국 가정주부 4천 명을 대상으로 조사한 결과(2008년)

남편이 경제권을 쥐고 계시나 봐요.
은행원 출신이라 재테크는 잘하시겠네요!
돈 관리를 잘해서 나중에 큰 돈 처억 내놓을지 혹시 또 아나요?
재테크하려면 골치 아플 텐데 차라리 편하게 해주니 고맙잖아요.
하지만 남편이 하고 싶은 일을 하게 해주는 대신
전업주부라는 프로 직업군의 일원으로서 할 말은 해야겠죠.
우리나라 주부들의 한 달 월급이 적어도 139만원이라는 것 아세요?
쪼잔한 남편에게, 그만큼 생활비와 용돈을 더 요구하세요.
남편이 거부하면, 아침저녁으로 해놓는 밥값을 청구하세요.
"자기야, 우리 집 식당에선 저렴하게 받을게. 한 끼 5천 원만 내."
하루 두 끼면 만원. 한 달이면 30만 원이잖아요?
그것은 당신만의 저금통장에 넣으세요.
받아들이지 않으면 '주부파업'도 불사! 드러눕는 거죠~
그런 남편들 대개는 강약약강 시스템, 즉
강하게 나오면 약해지고 약하게 나오면 강해지는 시스템이랍니다.
떳떳하게, 당당하게, 베팅하세요.
게다가 그 돈도 결국은 가족을 위해서 쓸 거잖아요?
어, 본인을 위해서 쓸 거라고요?
에이, 뭘 모르시네.
주부를 위해서 쓰는 것이 곧 가족을 위한 거죠!
자기 옷 사러 나갔다가도 결국 애들 옷만 사 들고 들어오고,
그저 가족이 최우선인 게 우리 여자들 마음인데,
남자들은 대체 언제나 알아주려는지!

입장 바꿔 생각해 보는 것이 숙제!

밖에서 어깨가 축 처져 있다가도
집에 들어갈 때는 확 펴져야 하는 법인데,
나는 집 문을 들어서면 더 기가 죽는다.
영화 '매트릭스'의 총알처럼 날아오는 바가지.
바가지 긁는 소리 좀 안 듣고 살았으면 원도 한도 없겠다.
바가지는 항상 세 가지 아이템으로 압축된다.
3불(不)! 여자, 술, 돈을 가까이 하지 마라!
내가 언제 그런 것들을 가까이하기라도 했냐고!
조금만 더 있으면 의부증이라도 생길 것 같다.

_불혹을 앞두고 왠지 쓸쓸한 중년 | 39세, 평범한 직장인

가장 과묵한 남편이
가장 사나운 아내를 만든다.

_벤저민 디즈레일리 | 영국의 정치가

저는 아내 쪽 증언도 한번 들어보고 싶군요.
진실게임이 한 판 벌어질 수도 있으니까.
그렇게 되어버린 아내한테도 이유가 있지 않을까요?
행복한 결혼생활의 비결은 '좌지우지'가 아니라 '역지사지'!
아내의 바가지를 잔소리로 '오해'하는 '에러'를 남발하지 마세요.
사랑하니까, 걱정되니까 그러는 것이에요.
길거리에 널린 아무 남자한테나 그런 말 할 수 있겠어요?
남편이니까! 세상에 딱 하나뿐인 내 남편이니까 그러는 거죠.
아내의 진심을 깨달아주신다면 잔소리가 노래 소리로 들릴 텐데!
제가 너무 바라는 건가요?
여자들의 '말 반복하기'는 일종의 프로 정신!
책임감인 동시에 자기 역할 찾기라고요.
가정을 반듯하게 지켜야 한다는 의무감에 짓눌려
자꾸만 걱정하게 되고, 불안한 마음을 버리지 못하는 거죠.
바가지를 긁으면서도 괴로울 아내 입장도 생각해 주세요.
하지만 현명한 남편이라면 거기서 한 걸음 더 나아갈 것입니다.
바로, 아내가 자기 자신을 더 사랑할 수 있도록 지원해주는 것이죠.
집에서 남편만 바라보며 일거수일투족에 일희일비하는 아내가 아닌
자신의 욕구가 무엇인지 확신하고 자기 자신을 미치도록 사랑하는
활기찬 아내가 되도록 도와주세요.
참고로, 기러기 아빠들은 자나 깨나 아내의 잔소리가 그립다더군요.
사랑하고 싶어도 사랑할 수 없는 때가 반드시 오는 법,
그때가 오기 전에 행복한 아내를 되찾아주세요.

가슴에 호소하니
금세 벽이 허물어지고

술독에 빠진 우리 남편!
날마다 술 술 술! 정말 지겨워 죽겠어요.
술 토하는 약도 먹여보고 화도 내보고
별의별 짓을 다 했지만 속수무책.
남편이 술만 안 마시면 더 이상 바랄 게 없겠어요.
_한무숙 | 43세, 결혼 17년차 주부

눈물은 눈의 멋진 언어다.
_로버트 해릭 | 영국의 시인

힘든 일 앞에서 사람들은 대개
화를 내며 상대방의 약점을 물어뜯듯 퍼부어대죠.
"니가 그러고도 인간이냐? 너 때문에 못 살겠다."
이런 '전갈검법'은 분풀이는 될지 몰라도 효과는 적어요.
무숙 씨의 경우라면 위의 방법보다는
눈물로 호소하는 '홍도검법'을 택해야 해요.
"술 먹으면 당신 건강에 나쁘잖아.
우리 함께 건강하게 오래오래 살자, 응?"
야단치고 비난해서는 '절대' 달라지지 않는답니다.
머리에 호소하지 말고 가슴에 호소하는 편이 훨씬 효과적이죠.
제 친구 남편도 무숙 씨 남편하고 똑같았는데,
아들이 눈물로 호소했더니 거짓말처럼 술을 끊더군요.
아내는 만만할지 몰라도 자식이란 오히려 두려운 존재!
아들, 딸과 합동 눈물작전을 펼쳐보는 건 어떨까요?
편지를 쓰거나 동영상을 만들어서 남편을 감동시켜 보세요.
"우리 집에서 젤 중요한 아빠, 그러다 아프시면 어떡해요?
저는 아빠가 건강하시고 우리 모두 행복하게 살았으면 좋겠어요."
그러면 당신은 시침 뚝 떼고 한마디만 더 얹어주세요.
"여보, 애 일기장을 몰래 읽어봤더니 아빠가 술 안 끊으면
가출해 버리겠다고 쓰여 있더라고. 우리 애는 한번 결심하면
앞뒤 안 보고 실천해 버리는 애라…… 겁이 나!"
남편도 이렇게 나오면 곧 비상사태라는 걸 깨달으실 거예요.
대신 남편이 술 안 먹고 집으로 빨리 오도록
행복한 분위기를 마음껏 연출해 주셔야 하는 것, 명심하세요!

협상의 고수는
자기가 먼저 한발을
들여놓는다

남들은 아내가 해주는 따끈한 집 밥이 최고라는데,
저는 괴로워요. 실은, 반찬이 지겨워 죽겠어요.
내리 사흘 동안 똑같은 것만 올라오다니…….
우리 집사람은 날마다 뭐 하는지 모르겠어요.
해도 너무해요. 제가 너무 많이 바라는 건가요?

_이상민 | 43세, 결혼 13년차 남편, 자영업

성공적인 결혼이란
매일매일 재건축해야 하는 가건물이다.

_앙드레 지드 | 프랑스 작가

제 남자 후배 하나가 저한테 말하더군요.
"제 아내가 차린 밥상은 거의 테러 수준이에요.
첫날은 김칫국을 끓여줘요. 아주 한솥을 끓여요.
그 다음 날은 남은 국에 콩나물을 넣고 김치콩나물국이라며 주죠.
그걸로 끝나면 다행이게요? 또 그 다음 날엔 거기다가
두부를 넣고는 김치콩나물두부찌개라고 준다고요.
그 다음에는 된장을 풀어서 김치콩나물두부……된장찌개래요.
제가 너무 심한 거 아니냐 하면 그 대답이 가관이라니까요.
'자기야, 날마다 요리 이름이 달라지는데 왜 그래?
똑같은 걸 주지도 않는데 자기 입은 왜 그리 예민하고 난리야?'
이렇게 박박 우겨대니 제가 백전백패죠."
그의 말에 함께 듣던 사람들 모두 다 깔깔 웃었어요.
모르긴 해도 그 부인, 머리는 얼마나 굴렸을까요?
요리 실력은 변변치 않지만 생활비 좀 아껴보려고
변신에 변신을 거듭하잖아요.
그렇게 사는 모습이 나름 귀엽지 않은가요?
상민 씨 부인도 마찬가지예요.
그녀의 혈관에는 알뜰주부의 피가 흐를지도!
음…… 그래도 똑같은 반찬만 계속 먹기는 곤란하실 테니까,
이제부터는 반찬을 그날그날 맛있게 다 먹어버리세요.
그리고 아내한테 부탁하세요.
"당신 음식 최고! 그런데 소식이 건강에 좋대. 조금씩만 해주라."
이렇게 서로 협상하면 어떨까요?

'포로'라는 글자에서 점 하나를 지우면 다름 아닌 '프로'

남들은 시어머니 시집살이를 한다는데,
저는 남편 시집살이를 해요. 정말 숨 막혀요.
결혼한 지 어느덧 22년차인데
아직도 해가 지면 쪼르르 집에 들어와야 하니 어떻게 살아요?
세상은 달라졌다는데, 전 예나 지금이나 너무 갑갑하게 살아요.
먹고살 만은 한데…… 뭔가 2퍼센트 부족한 느낌이랄까?
애들도 다 컸겠다, 더도 덜도 말고
자유 2퍼센트만 더 있었으면!

_박미순 | 48세, 주부

결단을 내리지 못하는 자는 모든 것을 잃는다.

_조셉 애디슨 | 영국의 수필가, 시인

어머, 남편이 독재자 스타일이시군요! 하지만……
제가 보기엔 상황이 이렇게 된 데는 미순 씨 탓도 있어요.
그동안 너무 순종하면서 살았으니
남편도 미순 씨가 곁에 있어주시는 게 버릇이 된 게 아닐까요?
아내가 없으면 답답하고 불편하니까요.
하지만 이제라도 늦지 않았어요.
더 늦기 전에 빨리 독립국가임을 선포하세요.
자유는 죽기 살기로 쟁취해야 하는 거지만,
그에 앞서 협상부터 시작하는 게 기본!
하루 날을 잡아 남편에게 데이트를 신청하세요.
"여보, 내 부탁 하나만 들어줘.
나 그동안 가족들을 위해서 열심히 살았잖아. 당신도 인정하지?
이제부터 일주일에 딱 하루만 나의 날로 정해서
하루 종일 나만을 위해 살고 싶어. 공부도 하고 바람도 쐬고.
바람을 쐰다고 나쁜 짓 하는 거 아니라는 거 알지?
동네 아줌마들 보니까 문화센터 무료강좌에 가더라고.
나이 들수록 공부를 해야 애들하고도 대화가 되잖아?
여보, 협조해 줄 거지?"
이렇게 말해도 오케이하지 않을 남편이 있을까요?
설령 남편이 쉽게 동의하지 않아도 그냥 밀어붙이세요.
뭐가 두려운가요? 죄 짓는 일도 아닌데!
당당하게 자신을 세상 밖으로 내보내세요.
당신 인생에 태극기를 꽂고 휘날리세요.
껍데기를 깨려면 고통이 따르게 마련이지만,
2퍼센트의 자유가 당신의 인생을 엄청나게 바꿔줄 거예요.

부부학교 성적에도 내신 관리가 필수다

나는 이 세상에서 아내가 가장 무섭다.
게임하면 소리 지르고 게임기 사면 갖다 버리고.
내가 돈 벌어서 내가 좋아하는 거 사는데
왜 이렇게 눈치를 봐야 하나? 너무한 거 아닌가?
자꾸 이러면 아내를 리콜하고 싶다.
지금 나의 소박하지만 절실한 희망은,
처음 만났을 때의 그 청순하고 상냥했던 아내를 되찾는 것!

_익명의 남자 | 33세, 방송인

남편들이 친구들에게 갖추는 정도의 예의만이라도
부인에게 보인다면 결혼생활의 파탄은 훨씬 줄어들 것이다.

_화브스타인

글쎄, 그 청순하고 상냥했던 아내는 어쩌다가
이렇게 '무서운' 사람이 되었을까요?
아무래도 남편께서 평소에 아내한테 죄를 좀 짓고 사시나 봐요.
그러지 않고서야 아내가 게임 좀 한다고 그렇게 소리를 지를까?
제 말이 맞죠……?
고등학교에만 '내신성적'이 있는 게 아니에요.
'부부학교'에도 내신성적이 아주 중요하답니다.
벼락치기가 통하는 것도 한두 번이지!
꾸준히 노력해 온 것이 쌓여야 제대로 된 결과가 나오죠.
평소에 아내를 위해서, 가정을 위해서 성의껏 봉사했다면?
제아무리 순악질 아내라 해도
밖에서 힘들었던 거 게임하면서라도 풀라고
과일도 깎아주고 뽀뽀도 해줄지 몰라요.
결혼생활은 대체로 3단계로 이루어져요.
1단계, 사생사사―사랑에 살고 사랑에 죽고 : 신혼 초.
지하 셋방도 행복하고, 3층밥도 고소하게 느껴질 때죠.
2단계, 돈생돈사―돈에 살고 돈에 죽고 : 결혼 5년차 이상.
남편이 날마다 안 들어와도 좋다. 돈만 많이 벌어다오! 하는 시기죠.
남편은 돈 벌어다 주는 것만으로 큰소리 뻥뻥 칠 때이기도 하고요.
3단계, 정생정사―정에 살고 정에 죽고 : 결혼 15년차 이상.
돈 못 벌어오는 남편도, 애교 없는 아내도 그놈의 정 때문에…….
이 3단계 코스를 밟아갈 때 가장 중요한 것은 이해랍니다.
이해받으려 하기 전에 상대를 먼저 이해하기.
그러니 게임하기 전에 한번 아내 입장부터 헤아려보세요.
만사가 편안해질 겁니다.

불행한 부부의
7가지 습관

남편하고 날마다 싸워요. 정말 지긋지긋해요.
먹고살 만한데도 이러는 걸 보면 정말 근본적인 문제가 있나 봐요.
애들이 맘에 걸리지만, 이런 모습을 계속 보이느니
당장 때려치우는 편이 낫겠다는 생각이 드네요.
그런데, 이혼하는 데도 웬 수속이 그렇게 복잡하죠?
숙려기간은 뭔 말라비틀어진 숙려기간! 왕짜증이예욧!
아…… 저희에게는 희망이 없는 걸까요?

_익명 | 39세, 맞벌이 주부

금과 은은 불속에서 정련되어야 비로소 빛난다.

_유대 격언

지금 당신은 남편과 싸운 지 채 5분도 안 된 것 같군요.
숨을 좀 고르시고 심호흡도 한번 해보세요.
그런 다음에 남편 입장에서 당신을 바라보면 어떨까요?
아마 남편도 비슷한 감정에 빠져 있지 않을까요?
불행한 부부의 7가지 습관은 다음과 같답니다.
하나, 공동목표가 없다
둘, 사사건건 상대방을 탓한다.
셋, 비교를 자주 한다.
넷, 신체적 험담을 한다.
다섯, 작은 일로 싸우다가 옛날 일까지 끄집어낸다.
여섯, 입술은 먹을 때만 사용한다 = 대화부족!
일곱, 잘 웃지 않는다.
음…… 어쩐지 양심에 쥐가 나는 기분 아니세요?
두 분이 사사건건 싸우게 되기까지도 뭔가 이유가 있었을 거예요.
일단 두 분이 어떤 식으로 대화하는지 잘 돌이켜보시고,
대화할 때마다 빠져드는 '늪'을 찾아서 하나씩 메워버리세요.
상담 클리닉을 찾는 것도 좋은 방법입니다.
혼자 해결하기 힘든 문제가 닥쳤을 때 찾아가야 할 대상이 바로 의사죠.
수치스러워하지 말고 감기 걸렸을 때 병원 가듯 찾아가 보세요.
대놓고 하지 못하던 얘기를 꺼낼 기회가 생긴다면 어느샌가
'그래도 함께 세상을 헤쳐나가자고 손가락 건 내 편인데!'
하는 생각이 들면서 슬며시 짠한 마음이 될지도요.
그때가 바로 기회! 눈 딱 감고 사랑의 문자부터 날려보세요!
[자기야, 따랑해* ^^*]

행복은 누구에게나 셀프입니다

우리 가족은 대화가 너무 없어요.
부모님 사이에도 대화가 거의 없어요.
개그 프로그램에서 '대화가 필요해' 코너를 보면
우리 집하고 어찌나 똑같은지!
아빠랑 엄마랑 제발 좀 웃으면서 얘기 좀 나누고 사셨으면…….

_이은주 | 16세, 고등학생

그래요. 가족은 무려 천 년의 인연이 모여야 만나는 관계래요.
그렇게 깊은 인연을 가진 가족끼리 행복하게 살아야 하는데…….
은주 씨가 대화의 '뽀인트' 역할을 하는 건 어떨까요?
엄마 아빠랑 영화도 보고 간만에 데이트하는 건 어때요?
그런 기회가 자주 있으면 아무 이야기도 안 하는 게 더 힘들 거예요!
누군가 삽을 들고 변화의 물꼬를 터야 한다고요.
셀프서비스 식당에서는 제아무리 오래 앉아 있어도
누구 하나 물 한잔 가져다주지 않아요.
행복은 누구에게나 셀프입니다.
저희 집도 만만치 않았어요. 제 남편은 경상도 싸나이!
말도 없고 유머감각이라곤 찾아볼 수도 없는 남자!
거의 말 한마디 안 하고 보낸 날도 있었어요.
답답해서 숨이 콱콱 막혔죠. 완전 산소결핍증!
'좋아. 내가 저 인간을 바꿔보리라…….'
어느 날, 얌전하게 앉아 있는 남편의 뺨을 제가 살짝 때렸어요.
남편은 두 배로 커진 눈으로 날 봤어요.
그 고지식한 남자한테 상상할 수도 없는 일 아니겠어요?
그래서 제가 말했죠. "빛의 속도로 다가가는 애무야."
그렇게 '남편 개조 프로젝트'를 시작했답니다.
결과요? 이미 머리 굵은 사람은 바뀌지 않는다는 속설을 깨고
그럭저럭 같이 살 만하게 리모델링해 놓았죠!
은주 씨도 가족간의 잔잔한 연못에 유머의 돌멩이를 던져보세요.
그 돌멩이가 일으킨 물결이 시원한 파도가 될 수 있으니까요.
써도 써도 닳지 않는 말 네 마디를 아낌없이 던지세요.
사랑해, 고마워, 최고야, 미안해!

용서는 자신에게 주는 가장 큰 선물

아버지라는 이름만 떠올려도 나는 힘들다.
어머니를 때리고, 바람 피우고, 결국 이혼한 아버지.
아버지를 향한 분노로 아직까지도 괴롭다.
이제 그만 아버지를 용서하고 싶은데,
쉽게 되지 않는다.

_익명 | 25세, 택시기사

용서란 상대방을 위해 면죄부를 주는 것도 아니고,
결코 상대방이 한 행동을 정당화하는 것도 아니며,
내 자신이 과거를 버리고 앞으로 나아가기 위해 하는 겁니다.
용서란 말은 그리스어로 '놓아버리다'라는 뜻을 가지고 있죠.
상대방에 대한 분노로 자신을 어찌하지 못하고
과거에만 머물러 앞으로 나아가지 못하는 건
자신을 위하는 일이 아니죠.
여러분, 놓아버리세요, 그리고 용서하세요,
나 자신을 위해…….

_오프라 윈프리 | 미국의 방송인

그 심정 백 퍼센트 공감 또 공감합니다.
저도 그랬어요. 알코올중독자였던 제 아버지는 날마다 술, 술, 술~
어디 그것뿐인가요? 병들어 누워 있는 어머니를 때리기도 하셨어요.
그래서 저는 아버지를 절대 용서하지 못했죠.
어머니는 생각만 해도 가슴이 미어지고 그립지만
아버지는 그다지 그립지 않답니다. 솔직히 말해서 그래요.
그러나 자식 낳고 키우다 보니 아버지의 외로움도 이해는 되더군요.
집에 오면 아내는 날마다 아파서 누워 있고,
하는 일은 잘 안 풀리고,
그래서 슬픔을, 외로움을 그런 식으로 푸셨나 보다…….
그제야 아버지를 이해하게 되었습니다.
좋아하고 사랑하게까지는 못 되었지만,
그것만으로도 마음이 한결 가벼워진 걸 느낄 수 있었어요.
아버지의 그늘을, 슬픔을 이해하세요.
우리가 누군가를 미워하면 몸에서 독이 나온다잖아요.
아버지를 위해서가 아니라
당신 마음의 건강을 위해서 아버지를 빨리 용서해 드리세요.
끝으로 당신에게 들려드리고 싶은 말이 있어요.
가장 나쁜 감정 = 질투
가장 큰 실수 = 포기
가장 나쁜 사기꾼 = 자기 자신을 속이는 사람
가장 어리석은 일 = 남의 결점을 찾아내는 것
가장 큰 선물 = 용서
용서는 아버지에게, 또 당신에게 가장 큰 선물입니다.

아버지는 말하셨지, 인생을 즐겨라

아들이 고3인데 술에 만취되어 들어왔어요.
어디 그것뿐인가요? 웩웩 토하고 널브러지고…….
남편은 인사불성이 된 아들을 보더니 다짜고짜 쥐어박고…….
엉망진창인 우리 가정, 어쩌면 좋아요?
아들애가 고3이라 스트레스가 많은가 봐요.
남편은 그런 아들을 야단만 쳐대니, 보는 제가 너무 괴롭답니다.

_신영주 | 47세, 결혼 20년차 주부

우리는 친구

어어~ 취한다 캬~ 기분 조오타! / 헤롱 헤롱	아니! 이 녀석 좀 보게나 감히 술을 처먹어 / 아부지 바보
에잇!! 자식 잘못 키웠네 속상하니까 술이나 마시자	잠시후... / 아부지 싸랑해용~ / 오오..내 새끼.. / 헤롱 헤롱

과격한 부자 사이에서 고생이 많으시네요.
물론 새파랗게 젊은 아들이 인사불성이 되면
때려서라도 정신 차리게 해주고픈 부모 마음도 인지상정이겠지요.
그래도 얼마나 힘들면 저럴까, 하고 아들 입장에서도 생각하셔야죠.
어떤 아빠는 아들이 술에 만취되어 들어오자 이렇게 말했대요.
"어쩜 너는 나랑 그렇게도 똑같으냐? 부전자전이라는 사자성어가
왜 생겼는지 알겠다. 나도 너처럼 술 먹고 비틀거렸었지. 그런데 내가
어떻게 사람이 된 줄 아냐? 할아버지한테 뒈지게 맞고 사람 됐다."
그러면서 '뒈지게' 패버렸더니,
그 아들은 맞으면서도 비뚤어지지 않았답니다.
그래서 말 한마디가 정말 중요한가 봅니다.
만약 그 한마디의 말을 안 하고 무작정 때렸다면?
누구라도 반항할 수밖에 없을 거예요. 한창 민감한 사춘기잖아요!
흔들리는 20대 폭풍전야! 방황은 젊음의 특권인데
"아들아 즐겨라, 마음껏, 몸껏!"
이렇게 부추겨주지는 못할망정 무조건 때리기만 하다뇨.
제가 아는 어떤 교수님은 대학생 아들하고 친해지려고
힙합도 배우고 캠핑도 함께 가고 그래요.
용기를 주는 말도 날마다 융단 폭격하듯 마구마구 퍼부어주고!
그러니 애들이 기가 팍팍 살아서 공부든 뭐든 열심히 한답니다.
영주 씨 아들도 지금 '필수 코스'를 지나고 있는 거예요.
젊음은 그렇게 흔들리고 비틀거리며 성장하는 것,
가끔씩 엄마가 징검다리 역할만 해주시면 문제없을 거예요!

나비가 오게 하려면 악착같이 꽃 심을 자리를 찾아라

우리 엄마 아빠 제발 좀 싸우지 말았으면 좋겠어요.
아빠는 실직 4년째, 집에서는 날마다 우당탕탕 큰 소리뿐.
엄마의 울음소리도 그만! 아빠의 고함도 그만!
정말 집에 들어가기조차 싫어요.
제가 재수하는 것에 신경 써주는 건 바라지도 않아요.
어쩌면 좋죠?

_익명의 남학생 | 21세, 재수생

어둡다고 불평하기 전에
하나의 촛불이라도 켜는 게 낫다.

_중국 속담

얘기를 들으니 가족들의 모습이 눈앞에 펼쳐지는 것 같네요.
경제적으로 힘들다 보니 엄마 아빠가 자꾸 싸우시는 거겠죠.
두 분의 심정을 이해해 주세요.
그리고 집에 들어가기 싫다고 생각하기 전에
아들로서 할 일이 뭔가를 생각해 보셨으면!
언제까지 그렇게 살아갈 수는 없잖아요?
아들이 먼저 희망을 버린다면
부모가 싸울 이유가 하나 더 추가되는 거예요.
아버지께 용기를 주세요.
어머니에게도 아버지 입장을 이해해 주시라고
힘들고 어색하더라도 간곡하게 부탁하세요.
부모님께 희망을 드릴 말은 분명히 있을 거예요.
내년에는 장학생으로 대학에 가겠다든가,
대학생이 되면 자기 앞가림은 자기가 하겠다든가…….
한마디 희망에 모든 가족이 한결 힘을 얻을지도 모르잖아요.
이 시대, 빵 없이는 살아도 희망 없이는 못 산다잖아요?
지금 부모님은 희망이 없어서,
그런 불안에 날카로워져 있는 거랍니다.
희망을 찾아 불을 붙일 사람은 오직 당신!
어떤 상황에서도 희망은 있어요.
희망과 절망은 두 개가 아니에요. 하나로 붙어 있는 샴쌍둥이.
우리가 어떤 쪽을 보느냐에 달려 있어요!

결혼한 아들은
며느리의 남편이다

우리 집사람은 결혼한 아들을 아직까지도
자기 맘대로 하려고 한다.
결혼 전에도 유달리 끔찍이 여기던 아들.
그 미련한 미련을 못 버리고 날마다 투덜거린다.
제발 빨리 마음을 비우고 평화를 찾았으면 좋겠다.
나까지 힘들어 죽겠다.

_익명의 남성 | 63세, 퇴직자

어미 원숭이에게 새끼 두 마리가 있었다.
어쩐 일인지 어미 원숭이는 한 마리는 늘 품에 안고 다녔고
다른 한 마리는 소홀히 했다. 사랑을 받지 못하던 한 마리는
혼자서 나무에 오르내려 먹을 것을 찾으며 스스로 자랐다.
어느 날 다른 지역의 원숭이들이 습격해 왔다.
어미 원숭이는 늘 사랑하던 새끼가 다칠세라 품에 꼭 안고
이 나무 저 나무 정신없이 뛰며 싸웠다.
싸움이 끝난 뒤에 보니, 품에 안겨 있던 새끼는 숨이 막혀 죽어
있었다. 반면 다른 새끼 원숭이는 혼자 힘으로 살아나 있었다.

_『이솝 우화』 중에서

지구가 멸망해도 살아남는 것은 딱 두 가지뿐이래요.
바퀴벌레와 고부갈등!
힘들어 죽겠다는 그 절박한 심정이 저도 상상은 되네요.
아들과 며느리, 아내의 첨예한 삼각관계.
그것을 날마다 본의 아니게 로열석에서 관람하시려니
죽을 맛이겠어요, 흐흐.
고부갈등 이야기를 듣다 보면, 시어머니라는 자리에선
성격도, 학력도 아무 상관이 없는 게 아닌가 싶어요.
요즘 정신 나간 여자 시리즈까지 떠돌고 있잖아요?
1. 며느리의 남편을 아직도 내 아들이라고 생각하는 여자
2. 사위까지 아들이라고 착각하는 여자
3. 남편을 내 것이라고 독점하려는 여자
셋 중에서 하나만 해당돼도 인생이 편치 못하답니다.
슬그머니 이런 이야기들을 흘려보세요.
아내가 처음에는 발끈하더라도, 속으로는 조금 뜨끔하지 않을까요?
아들의 삶과 엄마의 삶은 결코 하나가 아니에요.
각각 독립된 두 개의 독립국가! 그것을 인정하게 도와주세요.
그래도 미련을 버리지 못한다면?
한마디 따끔하게 덧붙여주세요.
'아들이 학교에 들어가면 4촌, 군대 가면 손님,
결혼하면…… 사돈!'이라고.
이것이 이 시대 필수 코스라 하니
제발 마음 좀 비우고 행복해지라고!
그러고는 아내와 함께 시원하게 여행을 떠나 보면 어떨까요?

유쾌한 친구를 얻는 단 한 가지 방법

왜 제 주변에는 재밌는 사람들이 없을까요?
친구들을 만나도 신나지 않아요.
투덜투덜 우울하거나, 따분하기만 하고요.
재밌는 사람 만나고 싶어요.
그래서 하루 종일 웃고 살았으면 좋겠어요.
_이은주 | 21세, 대학생

벗을 얻는 오직 한 가지 방법은
나 스스로가 남의 벗이 되는 것이다.
_R. W. 에머슨 | 미국의 수필가, 시인

간단한 일을 어렵게 생각하시네요~^^
은주 씨부터 재밌는 사람이 되면 될 것을!
자기가 재밌는 사람이 되면 주변에 그런 사람들이 모인답니다.
끼리끼리 어울린다고 하잖아요.
친구는 4가지로 나눌 수 있다고 해요.
첫째, 꽃 같은 친구.
꽃은 예쁘지만 금세 지고 맙니다.
자기 좋을 때만 찾아오는 친구는
바로 꽃 같은 친구예요.
둘째, 저울 같은 친구.
저울은 무게에 따라 이쪽으로 또는 저쪽으로 기울어요.
자신에게 이익이 있는지 없는지만 따지는 친구는 저울 같은 친구죠.
셋째, 산 같은 친구.
언제나 그 자리에 있어서 생각만 해도 편안하고
마음 든든한 친구가 산과 같은 친구예요.
넷째, 땅 같은 친구.
땅은 모든 것을 받아주고 조건 없이 생명을 잉태합니다.
한결같이 나를 응원해 주고 에너지를 나누는 친구가
땅 같은 친구입니다.
당신은 어떤 사람, 어떤 친구가 되고 싶으세요?
위의 4가지 스타일에 하나 더 붙여 재밌기까지 한다면
최고의 친구겠죠?

칭찬은
미운 일곱 살도
춤추게 한다

딸만 둘인 저는 요즘 큰딸 때문에 걱정이에요.
내년이면 초등학교에 들어갈 나이인데
아직도 두 살인 동생과 나란히 누워 젖병을 쪽쪽 빨아 마신답니다.
야단치기도 하고 때리기도 하고 우유병을 던져버리기도 하지만,
엉엉 울고 덤비는 통에 마음 약한 제가 그만 항복하고 말아요.
그래도 동생 하는 짓을 그대로 따라 하는 것을 보면, 속이 터져서
"아휴, 내가 미쳐!" 하고 소리 지르다가도 그만 실실 웃는답니다.
남편은 아이들 잘못 키운다고 저만 나무랍니다.
아이들 때문에 부부싸움까지 늘어나는 듯해요.
물론 엄마인 제 잘못이 크다는 것도 알고 있지만,
남편이랑 다투다 보면 그걸 인정하고 싶지는 않아져요.
이 일을 어찌해야 할까요? 해결할 수 있는 방법이 있을까요?

_이숙이 | 29세, 얌전한 엄마

칭찬 속에서 자란 아이는 자신을 좋아하는 법을 배운다.
인정 속에서 자란 아이는 목표를 성취하는 법을 배운다.

_도로시 L. 놀트 | 미국의 교육자

어머, 걱정하지 마세요. 지극히 정상입니다!
아이들은 다 그러면서 크는 거예요. 너무 걱정하지 마세요.
제가 아는 어떤 유명한 탤런트도 다섯 살까지 엄마 젖 먹고,
학교 들어가서도 엄마 없으면 징징 울고 그랬대요.
잔뜩 어리광만 부리고 자랐지만 지금 아주 멋지게 살고 있어요.
아이들이 자라면서 하는 행동 하나하나를 가지고
그렇게 걱정하면 엄마만 힘들어요.
'어려서는 다 그럴 수 있어'라고 여유를 가지세요.
다행히 당신은 아주 낙천적이고 예쁜 사람.
그런 엄마의 딸인데 예쁘게 잘 자랄 거라고 생각해요.
다만 이제부턴 조금 달라진 엄마의 모습을 보여줄 필요가 있겠네요.
그 비결은 바로 심부름+칭찬!
"아휴, 우리 큰딸. 역시 언니라 달라. 의젓하고 심부름도 잘하네!"
말끝마다 언니라서 다르다는 생각을 입력해 주는 거예요.
아이는 언니로 인정받고 싶은 만큼 더 의젓해질 거예요.
'아아, 난 언니야. 으쓱으쓱~' 칭찬은 고래도 춤추게 한다죠?
동생에게 우유를 먹일 땐 '고난도' 심부름을 시켜보세요.
"앞집에 가서 일주일 전 신문 좀 빌려와 줄래?"
"화장대 거울 좀 닦아줄래?"
(이때는 아이가 화장품들 다 헤집어놓지 않도록 주의!)
시간 좀 걸리지 않겠어요? 하하^^
동생이 부러워 응석 부리고픈 마음이 들 틈이 없도록
큰 아이의 발달 수준에 맞게 과제를 주세요.
어때요? 이제 곧 해결될 것 같죠?

더도 말고 덜도 말고 초심만 같아라

저는 노점상일 한 지 이십 년도 넘었어요.
길거리에서 여자 티셔츠, 바지 등을 팔고 있어요.
손으로 물건을 조물락조물락 만져만 보고
그냥 가는 젊은 여자들이 어찌 그리 얄미운지!
사실 따지고 보면 그 여자들도 잘못한 게 없는 거 알아요.
그런데도 불쑥불쑥 화가 치밀 때가 있어요.
제발 사람을 미워하지 않았으면!

_정순자 | 59세, 노점상 주인

인간은 마음먹은 만큼만 행복해진다.
_에이브러햄 링컨 | 미국의 16대 대통령

참 마음결이 고우시네요.
물건을 팔아주지도 않고 성가시게만 한다면 얄밉죠.
당연해요. 누구라도 그런 마음이 들 거예요.
그래도 그것을 괴로워하시는 것을 보니 정말 착하고 이쁜 분!
미우면 그냥 미워해 버리면 될 텐데요.
그러나 그것이 괴로우시다면 이렇게 생각하면 어떨까요?
'만약 내 딸이 쓸데없이 물건들을 자꾸 사오면 얼마나 싫을까?
저 아가씨들은 내 물건이 사고는 싶은데
집에 가면 엄마한테 야단맞을까 봐서 살까 말까 고민하는 거야.
쳐다보지도 않고 휙 가버리는 사람들보다야 훨씬 고맙지!
만약 그런 사람들마저 없다면 나야말로 얼마나 심심하겠어?'
그렇게 생각하면 그들이 이쁘고 기특하게 느껴질 거예요. 그쵸?
모든 것은 마음에 달렸답니다.
함민복 시인의 「눈물은 왜 짠가」라는 시에 보면
가난한 어머니와 아들의 가슴 찡한 이야기가 나와요.
어머니는 아들에게 국물을 더 먹이고 싶어서
소금을 너무 많이 넣어 짜다고 거짓말을 해서 주인한테
국물을 더 받아요. 그러고는 주인이 안 보는 사이에 얼른
아들의 그릇에 국물을 덜어주죠.
주인은 안 보는 척 모든 것을 보고 있었어요.
그리고 손님을 얄밉게 보는 대신 그 모자의 상황을 헤아리고는
깍두기 한 접시를 넉넉하게 더 갖다 주죠.
그렇게 이해하고 헤아려줄 때, 세상은 더 넉넉해지겠죠?

당신을 괴롭히는 건
적반하장 4차원 정신

부하직원들이 하나같이 마음에 안 들어요.
어째 다 그 모양인지.
돈 많은 스폰서 어디 없나요?
회사 차려서 나 사장 만들어주고,
직원들 내 맘대로 뽑게 해주면 무지 행복할 텐데!
날마다 속 터지고 스트레스 팍팍 받아서
인생에 낙이 없네요.

_박기혁 | 43세, 모 중소기업 부장, 자칭 '퍼펙트 맨'

임금은 지혜를 버려야 신하를 바로 살피는 총명을 얻게 되고,
현명함을 버려야 신하들이 저마다 능력을 발휘하여 공적을
세우게 되며, 용맹을 버려야 신하들이 저마다 용기를 다하여
나라를 강하게 할 수 있다.

_중국 전국시대의 논저 『한비자』 중에서

에고고, 날마다 힘들게 사신다니 불쌍하기도 하셔라.
그러나 제가 보기에, 문제는 당신!
당신의 그 유별난 '적반하장 4차원 정신세계'가 문제네요.
어쩜 맘에 드는 사람이 '단' 한 명도 없을까요?
그게 바로 당신에게 문제가 있다는 명명백백한 증거랍니다.
인도에 아주 의미 있는 우화가 있어요.
어떤 사람이 길에서 무엇을 찾고 있었어요.
길을 가던 다른 사람이 물었죠.
"무엇을 찾고 있나요?"
"열쇠를 잃어버렸는데 아무리 찾아도 없네요."
"열쇠는 어디서 잃어버렸는데요?"
"방에서……."
"그럼 방에서 찾아야지 왜 여기서 찾으시나요?"
"뭘 모르시네. 방은 컴컴한데 어떻게 찾아요?"
이유는 바로 그것!
내 안에—방에—문제가 있는데
우리는 남에게서만—밖에서만—찾고 있어요.
자신의 머릿속을 한번 조용히 들여다보세요.
아마 자신의 문제가, 인생의 정답이 '또렷' 하게 보일 거예요.
제가 살짝 힌트를 줄까요?
나폴레옹이 이런 말을 했답니다.
"지도자는 희망을 파는 상인이다."
주변 사람들의 능력을 풀가동해서 쓸 기회,
즉 희망을 만들어주는 것이 진짜 멋진 리더의 모습이라는 것!
뭔가 감이 오시지 않나요?

한 걸음씩
걷다 보면
산을 넘는다네

저는 왜 이렇게 이상한 직장만 걸릴까요?
사이코 같은 상사를 만나거나, 일이 저한테 맞지 않거나,
회사 분위기가 이상하거나, 비전이 없거나…….
대학 졸업한 지 5년밖에 안 됐는데,
벌써 옮겨 다닌 직장이 다섯 군데예요.
처음 직장은 그래도 가장 오래—2년—다녔고
그 다음부터는 1년 채우기도 힘들어요.
한 직장에 오래오래 다니고 싶어요.

_서유진 | 26세, 의기소침한 여성 회사원

인내는 만족의 열쇠다.
참고 견디면 만족스런 대가를 얻는다.

_마호메트 | 이슬람교 창시자

문제는 당신에게 있어요.
이제까지 직장을 다섯 군데나 옮겨 다닌 것이 문제가 아니에요.
그것은 능력이 있다는 증거이기도 하니까요.
그 다섯 곳 '다' 마음에 안 든다는 것이 바로 당신의 문제!
어느 한 곳이라도 마음에 들어야 하는 것 아닐까요?
이제는 직장에 마음을 맞춰보세요.
무엇에 마음이 끌려서 직장을 선택했는지 잘 기억해 보세요.
그리고 바로 그 매력적인 점에 '만' 매달려보세요.
산악인 박영석 씨는 이런 말을 했어요.
"1미터도 못 되는 보폭으로 아침부터 걸었더니
산을 세 개를 넘었어요. 걷는 것이 무서운 거예요."
앞에 보이는 험한 산세나, 아픈 발을 생각하면
산 하나를 넘는 것도 까마득하겠죠.
하지만 그저 한 걸음씩 걷는 일에만
충실하다 보니, 산을 세 개나 넘을 수 있었던 겁니다.
인생도, 회사생활도 이와 같을 거예요.
너무 많은 불편함, 너무 먼 목표를 생각하면
지레 지쳐서 불만만 생겨요.
그저 눈앞만 보며 성실하게 하루하루를 채워나가면
어느새 1년이 되고, 2년이 되고,
그만큼 실력과 경력도 쌓여 있을 거예요.
꿈은 높이 갖되, 실행은 너무 욕심내지 말고
한 걸음씩, 하루하루 성실하게! 아셨죠?

'노'라고 말하는 용기가 행복을 응원한다

친구한테 돈을 빌려줬는데, 그 친구가 전화도 안 받네요.
사업 때문에 힘들어하던 터라 안타까운 마음에
아내 몰래 대출까지 받아 큰돈을 빌려줬는데…….
내 형편도 뻔히 아는 녀석이 이럴 수 있나 싶어서
배신감에 몸이 떨려요.
주위에서 부탁하면 거절을 못하는 제 성격도 싫고요.
강해지고 싶어요. 독한 사람이 되고 싶어요.

_익명의 남성 | 36세, 직장인

정말 보기 드문 분이군요.
요즘 세상에 친구에게 돈을 빌려준다는 것,
대단한 우정이고 의리입니다.
지나간 일은 어쩔 수 없는 것.
비싼 수업료를 치렀다고 생각하세요.
그 사실에만 얽매여 배신감을 느낀다면……
돈은 여전히 돌아오지 않는데 건강만 나빠지죠.
대신, 같은 일을 다시는 반복하지 않기 위해 마음을 다지세요.
자신이 감당할 수 없는 일을 거절하는 데도 기술이 필요해요.
남의 부탁을 쉽사리 거절하지 못하는 성격이라면
남의 시선, 남의 기대에 얽매여 있어서 그럴지도 몰라요.
남의 기대보다는 자신의 자유, 자신의 소망이 중요하지 않나요?
"나는 집사람이랑 돈을 함께 관리해서 무리겠어. 미안해."
"다른 것으로 도와줄 수 있다면 얼마든지 도와줄게."
'노!'라고 한다 해서 하찮은 사람이 되는 건 아닙니다.
불편해하지 말고 '노!'라는 메시지를 전하세요.
진정한 친구라면 이해할 테니까요.
행복하게 살기 위해선 용기가 필요해요.
자신에게 걸맞지 않은 것이라면
남들의 부담스러운 기대를 훌훌 저버릴 수 있는 것도
멋진 용기 아니겠어요?

세상 모든 이에게 사랑받기보다 더 행복해져라

모든 사람들에게 사랑받고 싶어요.
누군가 나를 썩 좋아하지 않는 눈치만 보여도
신경이 쓰이고 불안해요.

_한세은 | 28세, 광주

사랑하는 것은
사랑을 받느니보다 행복하나니라.

_유치환의 시 「행복」 중에서

혹시 헤르만 헤세가 쓴 동화를 읽어보셨나요?
저도 제목은 잊어버렸는데 내용은 다음과 같아요.
어떤 엄마가 아이를 낳고 신에게 기도를 해요.
'우리 아이가 모든 사람들에게 사랑받게 해주세요.'
그래서 사랑을 받게 된 아이,
모든 사람들에게 사랑을 받기만 하니까 결국 오만해지고
자기밖에 모르는 이기적 인간으로 자라나요.
엄마는 다시 기도를 합니다.
'제 생각이 짧았어요. 우리 아이가 사랑받기보다는
사람들을 사랑하게 해주세요.'
사랑을 받기보다 사람을 더 많이 사랑하게 된 소년은
그제야 비로소 행복한 사람이 되었어요.
세은 씨도 사랑이 가득한 따뜻한 가슴으로
많은 사람들에게 꼭 필요한 사람이 되세요.
사랑하는 것이 사랑받는 것보다 훨씬 더 행복하다는 것을
알기만 해도 이미 그 사람은 향기로운 사람!
자, 이제 인생의 희망기준을
쓰윽, 한번 바꿔보세요!

3부

상상력에 희망이 있다.
상상력은 희망의 씨앗을 잉태하고 있다.
리얼 버라이어티처럼 펼쳐지는 파란색 미래~
그 상상의 세계가 우리를 앞으로 돌진하게 한다.
그렇다. 상상은 힘이 세다. 기적을 만들어낸다.
마침표를 눈앞에 둔 인생을
느낌표 인생으로 대역전시킨다.
그래서 상상력은 희망의 산소호흡기!

행복멘토 최윤희

상상력을
부추기다

얼마 전 타계한 러시아의 소설가 솔제니친이
오랜 감옥생활에서 해방되며 던진 첫 마디는 다음과 같다.
"나를 살린 것은 상상력이다. 상상의 세계가 없었다면
나는 아마 질식사했을 것이다."
그렇다. 현실이 고통스러울수록 우리는 상상해야 한다.

상상의 세계에는 용기, 도전, 꿈이 있다.
상상의 세계는 우리를 무한한 가능성으로 이끈다.

가수 비를 보라. 그는 오디션에서 무려 열여덟 번이나 미끄러졌다.
실패의 이유가 기막히지 않은가?
못생겨서, 쌍꺼풀이 없어서라니!
날아가는 참새가 낄낄 웃다가 뒤집어질 일이다.
지금은 바로 그것이 비의 콘셉트, 그의 블루오션 전략이 되었다.
인생은 상상을 초월한다. 상상을 능가한다.
그래서 우리는 무럭무럭 상상해야 한다.
비가 자신의 얼굴이 그려진 전세 항공기를 타고 세계를 누비는
월드스타가 될 줄 누가 알았으랴?
뉴욕타임스가 뽑은 '세계 가장 영향력 있는 100명' 중
한 사람으로 꼽힐 줄 누가 짐작이나 했겠는가?
박진영은 비가 열아홉 번째 도전한 오디션에서 그를 뽑았다.
그 이유가 또 한 번 기막히다.
"내가 지금 그를 안 뽑아주면 죽을 것만 같아서."
그만큼 비장하고 찬란한 상상의 세계를 가슴에 지니고 있었기에
비는 무수한 실패에도 절대 포기할 수 없었던 것이다.
춤을 출 때 그는 허파가 튀어나오기라도 할 것처럼 몰두한다.
우리도 그처럼 상상의 엔진을 풀가동하자.

상상하는 순간, 당신의 희망여행은 시작된다.
희망을 찾는 여정의 세 번째 키워드는 '상상력'이다.

꿈이 있으면 행복하지만 그 꿈 넘어 또 다른 꿈이 있으면 위대해진다

넓은 세상을 향해 나가고 싶어요.
세계 곳곳을 여행하며 몰랐던 세상들을 알고 싶고,
우주도 탐험해 보고 싶어요.
화성, 토성, 그리고 그 너머 더 먼 우주까지도요.
이 엄청난 꿈이 과연 이루어질까요?

_양현석 | 중학교 2학년, 마산시 양덕동

꿈의 리스트를 만들고,
그 꿈이 이루어지는 것을 확인하세요.
그 꿈이 다 이루어진다고 삶이 끝나는 것이 아니에요.
그 꿈 넘어 더 큰 꿈이 있어야 되거든요.
그러니 항상 꿈 리스트 적는 것을 잊지 마세요.

_이소연 | 대한민국 최초의 우주인, 우주정거장 TV 생중계 중 어린이들에게 한 말.

그럼요. 이루어지고말고요.
이미 우리나라에서도 우주인이 탄생했잖아요?
우주정거장에서 이소연 누나가
무중력 상태를 둥둥 떠다니며 전하던 우주 이야기, 잘 들으셨죠?
저도 가슴이 찡하던데요.
우주에서 이소연 누나가 이런 말을 했어요.
"정말 여기 올라와서 지구를 보면
파랗고 아름답고 평화롭다는 생각밖에 안 들거든요.
이제 돌아가면 아름답게 살고 싶다,
그 안에서 아등바등 살지 말고 아름답게 살자,
그런 생각이 들어요."
우주 저 멀리에서 보면 지구는 작고 푸른 별이죠.
그 안에서 볼 때와 먼 세상에 나가서 볼 때는 전혀 달라요.
그러니 큰 세상을 여행하며 넓은 마음을 품겠다는
현석 군의 꿈이 이루어지면, 더 멋진 생각들을 품게 될 거예요.
현석 군이 어른이 되면 그때는 우주여행도 훨씬 더 쉬울 거예요.
어쩌면 지금으로는 생각지도 못할
흥미진진한 많은 일들이 펼쳐질 수도 있고요.
혹시 시간여행을 할 수 있게 될지도 모르죠.
컴퓨터나 유전공학처럼 과거에는 공상과학 소설 속에만
있던 일들이 현실이 되고 있잖아요.
그러니 새로운 꿈을 캐내보세요.
그 답은 '책' 속에서 얼마든지 찾을 수 있을 거예요.

자신감은 내 의지에 터보 엔진을 달아준다

저는 분명 세계적으로 유명한 과학자가 될 겁니다.
그럴 때 저 스스로를 어떻게 관리해야 하죠?
그것이 살짝 걱정되네요.
매니저라도 둬야 할까요? 흠흠…….

_익명의 남성 | 25세, 카이스트 대학원생

항상 자신감이 있었기에
우승했을 때 전혀 놀라지 않았다.

_타이거 우즈 | 미국의 프로 골프 선수

어쩜 그렇게 귀엽고 유쾌한가요?
그런 걱정은 유명해진 다음에 생각해도 늦지 않아요.
지금부터 그런 걱정을 하시다니
그 빵빵한 자신감에 경의를 표하고 싶군요.
만일 나중에 관리하기 힘든 순간이 오면 저를 찾아오세요.
제가 100퍼센트 해결해 드릴 테니까요!
영국의 심리학자 J. 하드필드 박사의 연구에 따르면
사람들은 "난 안 돼." 하고 자포자기할 때,
자신이 가진 능력의 30퍼센트도 채 발휘할 수 없다고 해요.
반면 "할 수 있어. 난 특별한 사람이야!" 하고 자신감을 가질 때는
원래 능력의 500퍼센트까지 발휘할 수 있다고 합니다.
그러니 자신만만한 당신!
당신의 뇌세포가 당신의 자신감만큼이나
귀엽고 상큼 발랄하다면
당신은 분명히 세계적인 과학자가 될 거예요.
자신의 미래를 확신한다는 것은 얼마나 멋진 일인가요.
그만큼 열심히 살고 있다는 증거!
당신 같은 젊은이 덕분에 '대한민국=희망민국'임을
싱싱하게 느끼게 됩니다.
브라보, 젊음! 원더풀 청춘!

웃음으로
세상을 지배하고
세상에 헌신하리

평생 이 '짓'거리 하고 살고 싶다.
사람들 만나서 쓸데없는 이야기를 해도, 푸하하하
하고 웃어주는 모습을 보면 엔도르핀이 펑펑 솟아나온다.
내가 가장 무서워하는 날은 비 오는 날!
보통 땐 사람들이 내 배를 손가락으로 찔러보는데
비 오는 날은 우산으로 쿡쿡 찔러댄다. 하이고, 나 죽어요!
그래도 사람들이 날마다 웃어준다면 마냥 행복하겠다.

_이용식 | 코미디언

나는 웃음의 능력을 보아왔다.
웃음은 참을 수 없는 슬픔을 참을 수 있는 어떤 것으로,
더 나아가 희망적인 것으로 바꾸어줄 수 있다.

_밥 호프 | 미국의 배우, 코미디언

KBS TV 〈아침마당〉에서 토요 가족노래자랑을 방송하면서
자주 만나는 뽀식이 오빠.
사람들이 깔깔 웃다가 배꼽 실종신고를 해야 할 만큼
비상사태를 만들어내는 한국의 찰리 채플린.
나는 뽀식이 오빠를 수천 가지로 표현할 수 있지만
딱 두 가지로만 압축한다면?
첫째, 대한민국 웃음 대통령!
어느 누가 그를 압도할 수 있으랴.
처음부터 끝까지 웃겨주는 정통 완벽 코미디언.
둘째, 그는 가슴이 따뜻한 남자!
다른 사람을 먼저 배려해 주는 순수 무공해 영혼을 가진 남자.
평생 이 '짓'을 하고 싶으시다구요?
이미 국내 최초, 아니 세계 최초로
아줌마 전용 코미디 극장을 열었잖아요!
"우울증과 스트레스에 시달리고 있는 아줌마들, 오갈 데 없는
대한민국 아줌마들을 위한 공간을 만들겠다"고 하시더니,
평생 지금처럼 살기 위한 포석이셨군요. 브라보!
뽀식이 오빠, 심장에 링을 세 개나 박고 산다고 하셨죠?
자나 깨나 건강하셔야 해요.
세상 사람들 마구마구 행복하게 해주시려면
제 것 10년쯤 아낌없이 기부할 테니
적어도 120살까지는 사셔야 해요!

'나'는
인생 대박을 꿈꾸는
1인 주식회사의 CEO

자나 깨나 바라는 것은 프로그램 대박!
내가 출연하는 프로가 제발 대박 좀 났으면 좋겠다.
어느덧 데뷔 11년차. 언제까지 개그맨을 계속할지는 모르지만
연예계가 깜짝 놀랄 만한 대박 한번 내보고 떠나는 게 내 희망사항
이다. 내가 잘되면 주변 사람들도 더 챙길 수 있으니까.
아직까지는 주변 사람들에게 민폐 끼치며 사는 것 같아 미안하다.
올해는 내가 잘돼서 주변 사람들까지 챙겨줄 수 있기를 바라며,
ありがとう(고마워요)!

_김현기 | 개그맨

생생하게 상상하라. 간절하게 소망하라.
진정으로 믿으라. 그리고 열정적으로 실천하라.
그리하면 무엇이든지 이루어질 것이다.

_폴 J. 마이어 | 27세에 억만장자가 된 세계적인 부호, 자기계발 교육의 선구자

유쾌, 통쾌, 상쾌한 싸나이 현기 씨를 처음 본 것은
KBS TV 간판 프로그램 '개그콘서트'에서였어요.
방송국 식당에서 처음 만난 내게 자기 휴대전화를 보여주었지요.
큐빅으로 예쁘게 꾸민 휴대전화는 아내가 만들어준 것이라고 했어요.
일본 유학 갔다가 만난 일본인 아내.
아내 얘기를 꺼내는 순간 현기 씨 눈빛이 반짝반짝 별이 되더군요.
행복해하는 현기 씨의 표정에서
자신만만한 '인생경영자', '최고의 CEO'라는 것을 알았어요.
우리는 누구나 자기가 대표이사로 살아가는
1인 주식회사의 CEO라는 것을 잊지 말아야 하죠!
현기 씨는 현재 일본 국영방송 NHK에서
한국어 교습을 하는 인기 한국어 교사라지요?
원래 일본에서 대학을 졸업하고
한국으로 돌아와 회사에도 다니고, 일본어 강사도 했다면서요?
그러다가 어릴 적 꿈인 개그맨이 되기 위해
뒤늦게 시험을 보고 개그맨으로 제2의 인생을 시작했다니,
멋쟁이 김현기! 라고 외치지 않을 수가 없네요.
이제 한국을 알리는 메신저로 제3의 인생을 시작한 현기 씨가
머지않아 NHK에서 일본인을 까르르 뒤집어지게 만드는
모습을 상상해 봅니다. 실은 현기 씨 자신도 동의하시죠?
제 상상이 백 퍼센트 확률로 현실이 되도록 기합을 넣어드립니다!
주변 사람들에게 민폐를 끼치고 있다는 것은 지나친 겸손.
현기 씨가 사람들을 얼마나 행복하게 해주는데 그러세요.
"하이고, 선생님, 아닙니다! 절대 아니에요."라고 거부해도
제 주장은 절대 양보할 수 없답니다!

사랑은 평생 할 일, 진정한 광대는 꿈마저 자유롭다

나의 꿈은 아주 소박하다.
젊고 예쁘고 착하고 돈 많은 여자랑 사랑에 빠지는 것.
잠깐만! 여론을 조금 고려해서 돈 많은 것은 빼겠다.
그러나 이렇게 소박한 희망도 이루어지기 쉽지 않은 모양이다.
믿거나 말거나 요즘은 거의 자포자기 상태.
그래도 사람은 살아 있는 한
실낱같은 희망이라도 붙잡고 살아야 한다니.
포기할까, 말까? 목하 고민 중이다.

_조영남 | 가수 겸 화가

매일을 생일처럼 찌릿찌릿하게 살자는 거지.
난 원 없이 살았어.
압록강과 제주 서귀포 사이에서 나보다 더 재미있게,
행복하게 산 사람 있으면 나와보라 해.

_조영남

나는 조영남 씨를 볼 때마다 신기한 생각이 든다.
저 머릿속에는 대체 뭐가 들어 있을까? 신기하고 신비스럽다.
보통 사람들은 전혀 생각하지 못하는 것들이
그의 두뇌창고엔 가득가득 차고도 넘친다.
'관광특구'로 지정해서 관광객을 유치한다면 대박일 것이다!
그의 신상명세서를 새삼 정리해 본다.
원산지: 신토불이 국산
본적: 논두렁 밭두렁(!)
제작자: 조승초＋김점신
유통기간 : 한 100년쯤?
그런데 사고방식은 소박한 신상명세와는 딴판이다.
이른바 미래에서 달려온 청년! 그것도 빛의 속도로 달려왔다.
그는 50년쯤 빨리 태어났거나 50년쯤 늦게 탄생한 것이 분명하다.
여친을 희망한다는 것은 순전히 그의 익살이자 엄살이다.
주변에 늘 20대 여성들이 넘실거린다.
그의 주장에 따르면 30대 이상인 여자는 여자도 아니고,
해가 떠 있을 땐 외출을 삼가야 한단다. 세상을 어둡게 하니까!
해가 진 뒤에도 30대 이상인 여자들은 뒷길로 다녀달란다.
하지만, 그가 그렇게 말해도 어느 누구 하나 화를 내지 않는다.
화를 내기는커녕 까르르 뒤집어진다.
즐겁게 살기 위한 익살이요, 행복한 엄살인 걸 알기 때문이다.
유머로 꽉꽉 차 있는 이 시대의 진정한 광대.
당신의 희망은 이미 900퍼센트 초과달성했다고 사료됩니다.

인생을 역주행하라, 나이는 그저 숫자일 뿐이다

몇 년 뒤 전역을 하면 연예인이 되고 싶다.
꽁지머리도 하고 길게 묶고도 다니고 싶다.
전반부 인생을 제복을 입고 틀에만 갇혀 살았으니
인생 후반부는 자유롭게, 새처럼 자유롭게 살고 싶다!

_백태종 | 50세, 대령

프랑스의 장 칼몽 할머니는
85세에 펜싱을 배우기 시작했다.
100세에 자전거 타기를 배웠다.
120세에 건강을 위해(!) 담배를 끊었다.
121세, 'Time's Mistress'라는 노래를 CD로 발표했다.

혹시 2년 전 모 카드회사 광고 기억하세요?
'네 꿈을 펼쳐라' '꿈을 이루기에 늦은 나이란 없다!'
제가 바로 그 CF 모델로 출연했었죠.
그래요, 꿈은 나이와 상관이 없어요.
어디, 꿈에 정년이 있던가요?
영화 '양들의 침묵'으로 후덜덜~한 연기를 선보였던
배우 안소니 홉킨스!
일흔이 된 그가 피아니스트로 세계를 누빌 준비를 하고 있대요.
자신이 직접 작곡한 곡으로 월드 콘서트를 준비 중이랍니다.
"난 이제 더 이상 내 존재를 보여주려고 애쓰지 않을 거다.
난 이제 하고 싶은 것을 하며 살기로 했고,
재미있는 것들을 받아들이며 살기로 했다.
난 그 어느 때보다 안정적이고 견고한 삶을 살기 시작했다."
이렇게 말하고 있는 노배우!
자신이 그린 그림을 모아 전시회를 열기도 했대요.
꿈이라는 이름은, 많은 사람들의 가슴을 설레게 해준답니다.
정말 예쁜 단어 '꿈'! 상상만 해도 행복해지는군요.
꽁지머리, 힙합바지에 기타를 튕기면서 룰루랄라 행복하게 사세요.
못할 게 뭐 있어요!
멋진 백 대령님, 자, 껄껄껄 웃어보세요.
내일은 태양이니까요!

나는
내 운명의 건축가,
내 운명의 주인

나의 희망은 크게 세 가지다.
첫째, 한식, 일식, 중식, 양식…….
다양한 음식을 모두 다 서비스하는 종합식당을 하고 싶다.
그리고 주말은 늘 외박! 동아리 활동도 활발하게 하고 싶다.
둘째, 대한민국 대표 영어학원을 열고 싶다. '김영철'이라는
브랜드로 학생들 가슴에 희망의 상징으로 다가가고 싶다.
셋째, 세계적인 개그맨이 되고 싶다.
외국인들을 '신토불이 개그'로 배꼽 잡게 하는 것은
상상만 해도 가슴 설레고 흥분된다.
과연…… 이 엄청난 꿈들을 이룰 수 있을까?

_김영철 | 개그맨

너는 네 운명의 건축가이고
네 운명의 주인이며 네 인생의 운전자다.
네가 할 수 있는 것, 가질 수 있는 것,
될 수 있는 것에 한계란 없다.

_브라이언 트레이시 | 미국의 자기계발 전문가

아휴, 이루어지고 말구요.
영철 씨는 정말 열심히 사는 기적의 싸나이!
외국 유학 한 번 안 가고 영어 교수가 되었잖아요?
영어 교수 중에서도 인기 짱! 교수법이 재밌고 신이 나서
늘 수강생이 등록 대기 중인 인기 최고의 교수.
그 정도 에너지가 있는데 무엇이 불가능하겠어요?
'주말마다 외박' 부분에서 약~간 헷갈렸지만,
'혼자 외박하고 싶다'라고 하지 않은 것을 보면
아무래도 외박은 미래의 아내랑 함께 하겠다는 뜻이겠죠? 흐흐.
요즘 영어 때문에 괴로워하는 학생들에게
영철 교수가 최고의 멘토라는 소문이 있던데……^^
'나도 할 수 있다'는 빛나는 가능성을 심어주기 위해
방송을 몇 개씩 하면서도 새벽마다 영어학원에 나가
성실하게 실력 쌓아온 것 잘 알아요.
학교에서 배우고도 못 써먹는 '장롱영어'
시험 때만 벼락치기로 기억했다 지워지는 '요요영어'
학원 등록해 놓고 한 달도 못 다니는 '의지박약증후군'
몽땅 퇴치하고, 영어 울렁증 완전 극복을 향해 가고 있잖아요.
이미 영국 BBC의 실화 다큐멘터리 드라마에 배우로 출연했고,
또 할리우드하고도 접촉하고 있으니
세계적인 개그맨? 반드시 될 거라고 생각해요!
5년 안에 영철 씨는 할리우드에서 사람들을 웃기고 있을 거예요.
우아, 상상만 해도 나까지 행복해지네. 짝짝짝!
박수치면서 기대하고 있을게요. 파이팅팅팅!

공감 담긴 인생 공감 가는 개그

어떤 소재나 개그 소재로 자유롭게 사용할 수 있는 세상이
빨리 왔으면 좋겠어요.
예전보다 많이 나아졌지만, 아직도 답답한 점이 많아요.
그리고 또 하나 바람이 있어요.
제 또래의 남자들, 비슷한 세대의 사람들을 이해시킬 수 있는
개그맨이 되고 싶어요.

_남희석 | 개그맨

희망이란, 마음속에 자리 잡은
날개 달린 피조물이다.

_에밀리 디킨슨 | 미국의 시인

남희석 씨는 정말 무공해 영혼을 가진 사람!
방송을 몇 번 함께 해봤는데 그야말로 배려지수 짱!
자기보다는 상대방을 더 먼저 생각해 주는 사람이잖아요.
그래서 모두 다 편안하게 가슴을 열게 되는 거고요.
아내에게는 착한 남편일 수밖에 없다는데, 그 이유는?
치과의사 아내가 이에 마취 주사를 놓고 고문이라도 할까 봐
차마 나쁜 짓을 못한다고 익살을 피우시더군요.
그리고 스포츠신문에 연재하는 글을 보니 글 솜씨도 장난 아니에요.
말발, 글발, 그리고 웃음발, 최고최고~
세상이 빛의 속도로 변해 가고 있으니까
희석 씨가 바라는 그런 세상도 곧 눈앞에 나타날 거예요.
그리고 자기 나이와 비슷한 사람들이 자기 개그를 사랑해 주고
박수를 보내주는 개그맨이 되고 싶다는 희망!
너무나 아름답고 따뜻해요.
얼마 전 TV에서 집이 공개됐을 때, 인터넷이 시끄러웠잖아요.
화려한 거품 따위는 하나도 없는 검소하고 소박한 공간!
그 모습 하나만으로도 모두들 남희석 씨를 연예인이 아닌
'소박한 이웃'으로 생각했을 거예요.
"어머, 우리가 3년 전에 버린 전자레인지 아직도 쓰네!"
이러는 사람도 있었다죠?
그런 당신은 이미 동시대 사람들, 또래의 가장들에게
편안한 친구가 돼 있지 않을까요?
꼭 지금처럼만 살아주세요.
그럼 당신의 꿈도 손 안에 있을 겁니다.

행복에 꼭 이유가 필요한 건 아니지

정신없이 바쁜 방송국 생활이지만
한 꺼풀 벗겨내고 보면 날마다 똑같은 생활…… 지루하다.
매너리즘에 빠진 것일까?
훌훌 모든 것을 벗어던지고 이탈리아로 떠나고 싶다.
거기서 딱 2년만 파스타 요리법을 배우고 싶다.
이유는 없다. 그냥.

_익명의 남성 | 방송국 피디, 결혼 11년차

알프스에는
기차가 다니기 전에 철로가 놓였다고 한다.
언젠가 기차가 다니리라는 기대로.

_영화 '투스카니의 태양' 중에서

당신의 이야기를 들으면서 잠시나마 행복했어요.
우리는 작은 행동을 할 때도 꼭, 반드시
어떤 이유가 있어야만 한다고 생각해요.
왜 꼭 그래야만 할까?
그런데 당신은 아무 이유 없이 그냥
이탈리아로 떠나고 싶다고 했죠?
거뭇거뭇한 턱수염이 왠~쥐 '집시' 처럼 느껴지던 게 기억나요.
몸속에 집시의 피가 흐르고 있나?
당신의 꿈 이야기를 들으면서 나도 잠시 행복했던 것을 보면
내게도 집시의 피가 콸콸 흐르는 것이 분명해요!
꿈이 이루어지든, 또는 이루어지지 못하든
당신의 이야기에서는 왠지 아름다운 향기가 풍겨났어요.
당신은 이미 파스타 요리사예요.
팍팍한 현실을 살아가는 우리들 사이에서
당신은 향기롭고 독특한 파스타를 만드는 요리사!

종이는 접어도
꿈은 접는 게 아니야

저는 어려서부터 연예인이 되고 싶었어요.
그런데 연예인 되는 게 어디 그리 쉬운가요?
지금껏 이 일 저 일 전전하면서 틈틈이 기회를 노렸지만
서른이 넘은 지금까지도 이 모양이네요.
이제는 꿈도 희미해져서 연예인까지는 바라지도 않아요.
그냥 연예인 뒷바라지해 주는 매니저라도 되었으면!

_정진수 | 32세, 자칭 인간성 최고인 꽃미남

저도 어린 시절엔 연예인을 꿈꾼 적이 있어요.
음울한 내 환경이 싫었고,
그들의 화려한 세계가 부러웠죠.
그러나 연예인도 가까이서 알고 보면 엄청 힘든 직업이에요.
아무리 톱스타라고 해도 촬영 중엔 빡센 중노동이 기본!
어디 그것뿐인가요,
때로는 몇 날 몇 밤을 뜬눈으로 새워야 해요.
식사도 제대로 못하고 김밥이나 햄버거로 때우는 경우도 많죠.
매니저 생활은 더 힘들어요.
섭외를 따내야 하니까 이곳저곳에 기웃기웃해야 하잖아요?
어떤 매니저는 저에게 하소연하더군요.
하도 굽실거리며 살다 보니 허리는 휘고 지문은 닳아 없어졌다고.
그러니 절대고독의 순간을 이겨낼 자신을 키우는 것은 기본!
그 모든 것을 각오하고 있다면,
그렇다면 당신의 꿈이 언젠가는 이루어질 거예요.
아직 파란색 청춘, '겨우' 서른두 살이잖아요.
대한민국 코미디계의 거목이셨던 고(故) 이주일 선생님이
TV에 첫 출연했을 때 나이가 마흔한 살이었습니다.
절대 꿈은 접지 마세요.
종이는 접어도 꿈은 접는 게 아니랍니다.

상상력은 나의 힘,
웃음은 나의 희망,
아이들은 나의 꿈

저는 어린이들을 사랑해요.
특히 아들을 낳은 뒤로는 더더욱 어린이들에 대한 관심이 커져요.
개그 프로그램 하나를 짤 때에도 어린이들 생각을 많이 해요.
제 개그를 보고 따라할 아이들에게 부끄럽지 않아야겠다…….
어린이를 위한 문화가 자리 잡았으면 좋겠어요.

_ '마빡이' 정종철 | 개그맨

좋은 일을 생각하면 좋은 일이 생긴다.
나쁜 일을 생각하면 나쁜 일이 생긴다.
여러분은 여러분이 하루 종일 생각하고 있는 것,
바로 그것이다.

_조셉 머피 | 아일랜드 출신 철학자, 성공학 전문가

2007년 어린이가 뽑은 인기 연예인 1위 마빡이!
키도 작고, 얼굴은 큰데다 여드름투성이지만
아이들은 종철 씨가 맡은 캐릭터에 열광, 또 열광하죠!
종철 씨는 키가 165센티미터인데 어떨 땐
딱 5센티미터만 더 작았으면 하고 바란다면서요?
그러면 아이들과 눈높이가 더 가까워지겠다면서요.^^
'웃음 없이는 살 수 없을 것 같았다'는 종철 씨는
어린 시절 외모 때문에 자꾸 비관하다 보니 정말 못 살 것 같아서
오히려 내가 먼저 나를 드러내보자고 생각했다죠.
그래서 중학교 2학년 때부터 개그맨의 꿈을 키웠고,
어려웠던 어린 시절, 안 해본 일이 없다죠?
마침내 냉면집 주방장을 하면서 개그맨 공채시험을 보러 갔다는
종철 씨의 이야기에 어찌나 마음이 찡하던지요.
하지만 지금 종철 씨는 어린 시절 꿈을 이룬 것은 물론
상상력으로 무장한 또 다른 꿈을 열정적으로 일구잖아요!
"어릴 적 심형래 선배의 '우뢰매'와 '영구와 땡칠이'를 보며 자랐다.
어린이 영화는 나의 꿈이자 희망이다."
라며 어른도 함께 즐기는 어린이 콘텐츠 개발을 꿈꾸는 당신.
자신을 가장 좋아하는 연예인으로 뽑은 어린이들에게 떳떳하기 위해,
그리고 사랑하는 아들 시후를 위해
더 정신 차리고 더 열심히 살겠다고 다짐하는 마빡이!
아들의 돌잔치 비용을 결식아동을 위해 기부한 멋진 아빠!
당신의 꿈은 꼭 이루어질 것이고 반드시 이루어져야 합니다.
그래야 우리나라 어린이들의 행복지수가 팍팍 올라갈 테니까요!

꿈은 기다려준다, 내가 그를 버리기 전까지는

어렸을 적 제 꿈은 만화가였어요.
부모님의 반대로 공대에 들어가 엔지니어가 됐지만,
직장생활 10년째를 맞는 지금까지도 아쉬움이 남아요.
그러다 얼마 전부터 아내 몰래 카툰 강좌를 수강하고 있어요.
지금 저는 너무나 행복하긴 한데……
이 나이에도 만화가가 될 수 있을까요?

_오준석 | 37세, 대기업 연구원

물론이죠! 충분히 가능해요.
평범한 휴대전화 판매원이었다가 오페라 가수라는 꿈을 이룬
폴 포츠의 이야기를 들어보셨나요?
그는 어린 시절부터 볼품없는 외모 때문에 따돌림을 당하고
비웃음을 사면서도 힘겹게 성악 공부를 계속했지요.
교통사고, 질병 등의 불운이 끊임없이 그를 괴롭혔지만,
그는 마지막 기회라고 생각하고 참가한 TV 프로그램에서
자신의 유일한 꿈을 이뤄냈죠.
그의 첫 앨범 제목은 '한 번의 기회(One Chance)'.
포기하지 않는 한 꿈을 이룰 기회는 꼭 옵니다.
참고로 저는 서른여덟 살에 사회생활을 시작했어요.
남편의 사업 실패로 쫄딱 망한 뒤에 앞뒤 안 가리고 뛰어들었죠.
그때까지 살림만 하던 아줌마가
신입사원이랍시고 쭈뼛쭈뼛하며 회사에 데뷔했죠.
그래서 남들보다 더 열심히 일했고 특진도 했어요.
그러다가 IMF가 터졌고, 내가 회사에서 나가면
젊은 사람 셋 구하겠다는 생각에 거침없이 사표 투척!
하지만 그게 제 꿈을 이룰 기회가 될 줄 누가 알았겠어요?
그동안 모아놓은 글을 책으로 낸 것이 계기가 되어준 덕에
쉰세 살 때부터 저는 가장 하고 싶었던 세 가지 일,
방송, 강의, 글쓰기를 하고 삽니다.
스무 살에 보지 못한 것을 서른 살에 볼 수 있고,
서른 살에 보지 못한 것이 마흔 살, 쉰 살에 보인답니다.
진정으로 원한다면, 꿈을 의심하지 말고 조금만 더 가보세요.

수퍼울트라초강력 엽기 작가로 살아가기

저의 희망은 무지 많아요. 그러나 딱 세 가지만 말하겠어요.
희망 하나, 하루에 두세 시간만 자고 원고 써도
배터리를 백만 개는 돌린 것처럼 쌩쌩했으면!
희망 둘, 누가 나에게 돌을 던지고 쓴소리를 하더라도
내가 떳떳한 이상 오노처럼 뻔뻔해질 수 있었으면!
희망 셋, 아무리 외로워도 밥 잘 먹다 못해
철근이라도 아작아작 씹어먹을 수 있었으면!

_이설희 | 방송작가

한 마리 양으로 백 년을 사는 것보다
일 년이라도 호랑이로 사는 편이 훨씬 낫다.
집을 떠나온 이후 언제나 나는 성공에 배가 고팠다.

_마돈나 | 미국의 팝스타

앗, 혹시 썰 작가의 희망은 로버트 태권브이?
고작 두세 시간 자고 어떻게 쌩쌩 빛나겠어요?
아무리 떳떳해도 남한테 돌을 맞으면서까지 뻔뻔할 수 있을까요?
게다가 철근을 씹다 보면 더 외로워서 눈물 날 것 같은데…….
그러나 썰 작가의 탁월한 희망은 로버트 태권브이를 능가합니다.
슈퍼울트라초강력 휴먼이 될 조짐이 보이네요.
첫 번째 희망 해결책 : 잠 부족 사태로 눈꺼풀이 내려앉으면?
별 수 있나요? 잠도 슈퍼울트라초강력으로 자는 거예요!
못 잔 잠은 다 빚이랍니다. 평생에 걸쳐 언젠가는 갚아야 할 빚.
대신, 누구도 방해할 수 없을 정도로 밀도 높게 잔다면
조금만 자고 나도 하루 종일 쌩쌩하게 돌아갈 수 있을 거예요!
두 번째 희망 해결책 : 돌을 맞으면 오노처럼 뻔뻔해지지 말고
하하호호 웃어 '뻐'리는 뻔뻔(funfun)으로 대처하세요.
세 번째 희망 해결책 : 참을 수 없는 절대고독의 순간엔
쥐포, 오징어, 껌을 철근 씹는다 생각하고 아작아작 씹어 드세요.
과학적으로 밝혀진 얘기로 '씹는' 행위는 정신운동이자 전신운동!
많이 씹지 못하면 두뇌도 빨리 퇴화한다 하니,
고독은 운동으로 떨쳐버리세요~!
끝으로 제 생각을 하나 더 말해도 될까요?
빛나는 영혼이 너무 이쁘고 사랑스러운 썰 작가님!
지금처럼 쭈~욱 그대로 사세요.
작가 생활이 만만한 건 아니겠지만,
성공한 사람의 과거는 비참할수록 아름답지 않겠어요?^^
사실, 썰 작가님은 지금도 충분히 슈퍼울트라초강력 휴먼!

남들에게 웃음 주면
내 입도 째지지예

언젠가 산속에서 '개 농장'을 하고 싶다.
집 나와서 방황하는 개들을 한자리에 모아놓은 '개 농장'!
아내가 동물보호협회 회원이라 아내의 바람을 들어줘야 된다.
그래야 나중에 나이 들면 쉰밥이라도 얻어먹지 않겠는가?

_방우정 | 47세, 방송인

나는 비광. 섯다에는 끼지도 못하고,
고스톱에선 광 대접 못 받는 미운오리새끼.
나는 비광. 광임에도 존재감 없는 비운의 광.
차라리 내 막내 비쌍피가 더 인기 많아라.
하지만 그대, 이것 하나만 기억해 주오.
그대가 광박 위기를 맞을 때 지켜주는 것은 나 비광이요.
그대의 오광 영광을 위해 꼭 필요한 것도 나 비광이라는 걸.
나는 비광. 없어봐야 소중함을 알게 되는 슬픈 광!

_영화 '스카우트' 중에서 「비광시」

화끈하고 순수한 방우정 씨!
명MC 김제동의 스승으로 알려진 분이죠.
그러나 막상 본인은 이렇게 말해요.
"제동이가 유명해지니까예, 와 그리도 제동이를
키웠다는 사람이 많은지 모르겠심더. 한 백 명쯤 될지도 모릅니더.
근데 제동이를 키운 사람은 딱 한 사람 아입니꺼? 제동이 어무이!
그란데요, 제동이 어무이가 딸을 내리 다섯 낳고 제동이를 낳은기라.
그래서 잔치 잔치 났다, 하고 큰 잔치를 준비했는데 아뿔싸,
제동이의 얼굴 윤곽이 드러나면서 어무이가 이랬답니더.
야야, 잔치고 머고 다 집어치어뻐라! 그래서 잔치는 끝났다대예.
사실인지는 몰라도 이런 이야그가 전설처럼 내려옵니더."
이 말에 한참 웃었죠. 김제동 씨는 스승 하나 제대로 만났다니까요!
아내에게 아부하기 위해 '개 농장'을 하는 것이 꿈이라는 남자!
혹시 개인적인 희망이 있는지 내가 살짝 물어봤죠.
"있고말고예. 제가 나온 TV 프로는 제발 시청률 좀 안 따졌으면
좋겠심더. 시청률 같은 거 내비두고 그냥 시청자들에게
기쁨 주는 프로에만 출연하고 싶습니더. 그런데 제가 출연하는
프로는 왜 꼭 시청률이 3, 4퍼센트밖에 안 되는가 모르겠심더.
그것도 방송시간대가 오후 2시, 4시 아니면 한밤중 아입니꺼?
그래서 지는예, 녹화는 스물다섯 번쯤 해도
보는 건 서너 번밖에 안 되예.
방송을 새벽에 하니까 잠 자느라고 몬 본다 아입니꺼, 허허."
오늘도 어디선가 사람들을 즐겁게 행복하게 해주고 있을 방우정 씨.
그 넓은 마음으로라면 곁에 있는 사람 모두를 행복하게 해줄 거예요.
늘 건강하이소. 건강은 시청률 안 따진다 아입니꺼?

빛나는 순수의
유통기한은
무한대

제 어린 시절 꿈은 개그맨이었습니다.
지금 그 꿈을 이루었습니다.
이제 제 꿈은 이 일을 오래오래 하는 것입니다.
이 치열한 연예계에서 가끔은 선배, 후배들이 무섭습니다.
제2의 허참, 송해를 꿈꾸면서……
늙어 죽을 때까지 개그맨이고 싶은 나의 꿈, 너무 큰 꿈인가요?

_김인석 | 개그맨

"저도 그렇게 날고 싶습니다."
조나단이 대답했다.
순간 그의 두 눈에서는 이상한 빛이 번뜩였다.
"어떻게 해야 하는지 가르쳐주십시오."
치앙은 천천히 말하며 젊은 갈매기를 주의 깊게 살펴보았다.
"눈 깜짝할 순간에 어디로든 갈 수 있는 비행을 하려면……"
뜸을 들이듯 그가 천천히 말을 이었다.
"우선 이미 그 경지에 도달했다고 스스로 생각하는 것이 그 첫 단계일세."

_리처드 바크의 소설 『갈매기의 꿈』 중에서

인석 씨를 내가 처음 만난 것은 개그 프로그램에서였어요.
'도레미 트리오'라는 코너에 세 명이 같이 나와서 무지 웃겼죠.
"아~하, 그렇구나, 아~하, 그렇구나……."
전 그 세 명 가운데 인석 씨가 눈에 젤 띄더군요.
인물이 전혀 개그맨 같지 않게 꽃미남인데
어쩜 저렇게 망가질 수 있을까 싶었죠.
다른 두 명은 인물부터 이미 개그맨으로 타고났잖아요? 하하^^
인석 씨는 처음 보면 로맨틱 드라마의 주인공인 귀공자 스타일!
사실 인석 씨 같은 외모는 개그맨으로는 '악조건'이잖아요.
그러나 그 조건을 뛰어넘어 멋진 개그를 보여줬던 인석 씨!
저는 일찍부터 인석 씨의 비범한 능력을 보았죠.
그러다 얼마 전 프로그램에 함께 출연하면서 자주 만나다 보니
인석 씨의 인간적인 면모까지 알게 되었어요.
순수가 뭉게구름처럼 피어오르고
'배려'가 황사바람처럼 휘몰아치는 최고의 인간!
생긴 대로 사는 사람이구나, 싶었어요.
지금의 그 빛나는 순수를 변치 않고 잘 보관한다면,
(순수도 유통기간이 짧은 사람이 있고 영구적인 사람이 있답니다!)
인석 씨도 허참, 송해 선배처럼 장기집권의 꿈을 이룰 수 있어요.
지금은 공익근무를 하느라 방송에서는 잠시 볼 수 없겠지만,
지금처럼 늘 고민하고 연구하고, 치열하게 달리는 자세를
잃지 않는다면 문제없어요.
꿈을 꼭 이루실 겁니다. 내가 보증해 드릴게요!

끼, 깡, 꿈!
나를 날아오르게 하는 삼중 날개

제 희망이요? 최고의 CEO가 되는 것!
물려받은 재산도 없고 가진 거라곤 그저 몸뚱이뿐입니다만,
10년 안에 10억 자산가가 되겠다는 목표를 세우고 있어요.
재테크 공부도 열심히 하고 있고, 직장 다니는 틈틈이
자기계발을 위해 학원에도 다니고 있어요.
아직 갈 길은 멀지만 열심히 살고 있으니까,
그리고 제 꿈이 쭉쭉빵빵하니까 꼭 이루어지겠죠?
이래봬도 제 별명이 '색깔남'이랍니다.
자기 색깔이 강하다구요. 하하^^

_박진혁 | 21세, 마산의 자칭 매력남

인생을 살면서 앞으로 어떤 일이 일어날지 아무도 모른다.
그렇기 때문에 자신에게 다가오는
단 한 번의 작은 기회도 놓쳐선 안 된다.

_소설 『정글북』 중에서 | 시련을 딛고 꿈을 이룬 오페라 가수 폴 포츠가 인터뷰 중 인용

스스로 매력남이라고 말할 수 있는 끼!
지금 열심히 일하고 있다는 자신감,
그것은 활활 불타오르는 깡!
또 10년 안에 10억 자산가가 된다는 확실한 꿈!
끼, 깡, 꿈, 이렇게 3대 성공요소를 다 갖추고 있으니
남은 일은 이 요소들을 잘 버무려서 성공하는 것뿐!
최고의 CEO에서 이제는 카이스트 석좌교수로 자리를 옮긴
안철수 씨는 이런 말을 했어요.
매 순간 어려움이 닥쳤을 때, 쉽게 포기하지 말고
'바로 지금이 내 한계를 시험하는 순간'이라는 마음으로
노력해야 한다고요.
가는 길에 비바람이 몰아치더라도
지금과 같이 긍정적인 마음으로 훌쩍 넘어서세요.
확실한 목표를, 정확히 조준해서, 신나게 달려가세요.
목표와 액션플랜이 함께 있으니까
꿈은 반드시 이루어질 거예요.
목표만 세우고 노력하지 않는다면 아무것도 안 되지만,
목표와 액션이 샴쌍둥이처럼 하나가 된다면
반드시 성공한답니다.

가지 많은 나무가 큰 그늘을 만든다

저는 얼마 전에 결혼했어요.
형편이 그리 넉넉한 건 아니지만,
아이는 셋쯤 낳고 남편이랑 행복하게 살고 싶어요.
남들은 애 하나만 키우려고 해도
돈이 얼마나 많이 드는 줄 아냐며 말리지만…….
제가 바라는 모습대로 행복해질 수 있을까요?

_황명희 | 29세, 마산시 회원동

가정의 단란함이 이 세상에서
가장 빛나는 기쁨이다.
그리고 자녀를 보는 즐거움은
사람의 가장 거룩한 즐거움이다.

_페스탈로치 | 스위스의 교육자

시골에서 아기 우는 소리 끊긴 지가 한참이라고 해요.
도시에서도 경제적, 심리적으로 힘들어서
아이를 낳지 않는 젊은 여성들이 늘어나는 요즘
아기를 셋이나 낳고 싶다니 정말 반갑네요!
막상 낳고 키울 땐 힘들어도, 아이들이 커갈수록
문득문득 내가 이 아이들을 낳길 정말 잘했구나!
싶은 순간들을 만나면 그때만큼은 아무것도 부럽지 않을 거예요.
그것을 이미 눈치 챈 당신은 정말 현명한 여자!
영화 '열두 명의 웬수들'을 보세요.
열두 명이나 되는 아이들 덕분에 뒤죽박죽 소동도 많지만,
결국 극한의 상황에서는 내 편이 열두 명이나 되잖아요.
얼마나 든든해요? 게다가 아이들은,
부부가 함께 힘을 모으는 데도 중요한 구심점이랍니다.
돈보다는 바로 그 점이 한 가정을 이끌어나가는 포인트!
게다가 우리나라는 맨파워가 경쟁력 No.1 아니겠어요?
한국인의 탁월한 유전자를 많이 남겨야
국가경쟁력도 높아질 텐데, 사실 지금의 현실은
애를 낳는 것이나 키우는 것이나 쉽지 않아 보여서 안타깝네요.
아이 낳고 키우는 일만큼
나라가 나서서 신경 쓰고 지원해야 할 일도 없는 것 같아요.
명희 씨 같은 사람도 괜한 걱정 않고
예쁜 아이들 쑥쑥 잘 키울 수 있도록 말이죠!

때를 기다리지 말고 기회를 만들어라

저희 학교에 유명한 여고생 탤런트가 다녀요.
자기 얼굴이 방송을 타고 전국에 퍼져나가는 기분,
얼마나 좋을까요? 저도 꼭 경험하고 싶어요.
그 애는 길거리에서 연예기획사에 픽업되었다는데
저는 그런 우연도 없고…….
매스컴 제대로 한번 타봤으면 원이 없겠어요.

_이수지 | 19세, 고등학생

무지개를 보고 싶다면,
비가 오는 것은 참아야지.

_돌리 파튼 | 미국의 컨트리 가수

TV에 나와 보니 좋은 점이 많아요.
사람들하고 금세 친해질 수 있고,
난생처음 가는 지방의 음식점에서도
주인 할머니가 알아보시고 덤을 듬뿍 주시기도 하고요.^^
하지만 불편한 점도 있죠.
보이지 않는 곳에서 훨씬 더 많이 노력하고 긴장해야 하니까요.
노파심에 덧붙이는 말이지만, 연예인에 대한 환상은 버려주세요.
얼핏 보면 화려해 보이지만, 날마다 웃고 사는 것처럼 보이지만,
죽기 살기로 젖 먹던 힘까지 꺼내는 사람들이 바로 연예인들!
그러면서 본의 아니게 남의 입방아에 오르내릴 일은
또 얼마나 많은가요……!
귀여운 수지 씨에게 추천하고 싶은 건,
일단 시청자 참여 프로그램에 먼저 도전해 보는 것이에요.
무작정 누가 먼저 제안해 주길 기다리는 것은
너무 무모한 확률에 도전하는 게 아닐까요?
요즘은 직접 VJ로 활동한다든지,
오락 프로그램에서 재주를 뽐낸다든지,
시청자들이 참여하는 프로그램이 많아요.
출연하고 싶은 프로에 자주 희망사항을 올려보세요.
방청객으로 출연할 기회도 무궁무진!
방청객으로 출연해서 방송 메커니즘을 알고 나면
또 그 다음 단계의 희망이 생길 거예요!
희망과 기회는 자기 스스로 만드는 것. 행운을 빌어드릴게요!

모든 것을 알고 있다면 사랑은 절대 시작되지 않을 것이다

투명인간이 되고 싶다.
사랑하는 여자를 몰래 따라다니면서
무얼 하고 지내는지 훔쳐보고 싶다.
친구들한테, 부모님한테 내 얘기는 어떻게 하는지,
누구 딴 사람한테 눈길 주는 건 아닌지,
혼자 있을 때는 뭘 하는지…….
이제 막 연애를 시작한 터라 궁금함에 가슴이 터질 것 같다!

_박준걸 | 25세, 대학생

준걸 씨의 희망은 아마도 모든 남자들의 불순한(?) 꿈?
'여탕에 가고 싶어서……' 이런 악동들이 꼭 있던데, 준걸 씨도?
사실 저 역시 투명인간이 되고 싶어요.
내가 어떻게 살고 있나? 다른 사람들은 또 나를 어떻게 생각하나?
이런 것도 다 보일지 모르니까요.
자기를 객관적으로 바라보는 것, 얼마나 재밌겠어요?
그러나 아직까지는 요원한 일, 그날이 오기를 바라면서
꿈속에서나 투명인간이 되어보시면 어떨까요?
장자가 꿈이 현실인지 현실이 꿈인지 모른다고 했으니
투명인간 꿈을 꾼다면 50퍼센트는 이루어진 거 아니겠어요?
하지만 한 가지 말해 두고 싶은 게 있어요.
여자친구의 모든 것을 알고 싶다는 호기심은 이해하겠지만,
정말 그 모든 것을 알겠다고 나서지는 말아주세요.
그건 못 말리는 '집착'일 뿐!
집착은 예쁜 사랑을 발길로 뻥 차버리는
고약한 놈이랍니다.
알 듯 말 듯 신비스러운 부분을 살짝 남겨둔다면,
그리고 지금의 두근거리는 마음을 잘 키워나간다면,
어느 날 뜻밖에 쑥 자라 있는 행복을 만날 거예요.

철들지 마라,
상상의 놀이터에서
행복을 찾아라

왜 지나간 추억은 더 아름다울까?
지금의 현실은 너무 팍팍하고 힘겹다.
10년 전으로 돌아가고 싶다.
그때의 행복을 다시 맛보고 싶다.

_신혜은 | 32세, 광주시 구월동

행복은 바로 네 곁에 있다.
너는 왜 자꾸 멀리 가려고 하느냐?

_괴테 | 독일의 대문호

아마 이 지구상에 존재하는 모든 사람들, 똑같이 바랄 거예요.
딱 10년만 더 젊어진다면 얼마나 좋을까?
그런데 빛나던 옛 시절로 돌아가고 싶은 마음을
적극적으로 실현하는 사람들도 있더라고요.
최근에 인터넷에는, 20년 전 아이돌 스타의 팬카페가 인기래요.
듀란듀란이나 뉴키즈온더블록,
소방차나 송골매 같은 옛 스타들이요.
이들의 팬카페를 찾는 사람들은
그 당시 "오빠!" "형!"을 외치며 열광했던,
이제는 중년이 된 팬들이죠.
가장 순수했던 시절, 열정을 불태웠던 대상들을 보면서
그 시절을 추억하는 거예요.
중고등학교 동창을 만나면 그 시절로 돌아가
철딱서니 없는 말도 하게 되는 것처럼,
잠시나마 시간을 되돌리는 거죠.
그런 즐거움은 생활의 활력을 공급하는 산소 탱크!
가끔 과거로 시간여행을 떠나보세요.
앨범도 뒤져보고, 옛 추억에 빠질 수 있는 음악도 들어보고요.
그렇게 상상 속에서 시간여행을 하다 보면
그 시절의 행복을 다시 맛보는 것은 기본이요,
혹시 아세요? 지금의 갑갑한 현실을 타파할 묘안이 떠오를지!
마음속에 상상의 놀이터를 지어보는 것~
신나고 행복한 이벤트랍니다.

돈을 밝히는 사람보다
돈에 밝은 사람이 되라

내 평생 큰돈을 만져볼 수 있을까?
내 희망은 돈 때문에 아쉬운 소리 안 하면서 사는 것.
지금은 군대에서 운전을 하느라 운전대만 만지고 있다.
제대하면 대학 졸업하고 은행원이 되고 싶다.
돈 좀 마음껏 만져보고 싶어서!

_이동화 | 24세, 군복무 중

돈은 인생이다.

_드라마 '쩐의 전쟁' 중 금나라의 말

쉽게 들어온 돈은 사람 눈을 멀게 하고
마음도 병들게 한다.

_드라마 '쩐의 전쟁' 중 독고철의 말

소설가 황석영 선생님께서
음식에 관한 에세이집을 낸 적이 있습니다.
음식과 요리에 대한 자신의 지식 중 많은 부분은
수감생활 중에 읽은 요리책에서 얻은 거래요.
감옥에 있는 사람들은 식욕을 잠재우기 위해
요리책을 많이 본대요. 그러면서 '외식 간다'고 한다죠.
또 '외출 간다'는 은어도 있는데 그건
전국 여행지도를 보면서 마음속으로 실컷 여행하는 거래요.
요리책을 보면서 배고픔을 달래고,
지도책을 보면서 여행하고픈 마음을 달래듯,
돈을 실컷 만지면 돈에 관한 허기도 달래질까요?
그런데 그렇게 해서 욕심을 누르기보다는
이런 방법이 더 좋을 것 같아요.
돌고 돌아서 나에게까지 온 돈.
이 돈이 어떻게 돌아서 나에게 왔는지를 생각해 보는 거죠.
생선장수 아주머니의 비린내 나는 손을 거쳐,
만년 취업준비생의 책갈피에 비상금으로 꽂혀 있다가,
아르바이트생의 일당으로 달콤하게 주머니를 채워주었을지도 모르고,
사기꾼들의 거짓말 속에도 돈은 함께 있었을 거예요.
이렇게 돈에 묻어 있는 인생의 다양한 모습을 이해하면
돈을 깔보지도 않고 돈의 노예가 되지도 않으면서
돈을 벌고, 모으고, 제대로 쓸 줄 알게 되지 않을까요?
마음껏 돈을 만져보는 것도 좋지만
그 돈을 누구보다도 잘 이해하는 동화 씨가 되기를 바랄게요.

행복은 아파트 평수 순이 아니잖아요

지금 사는 곳이 13평짜리 아파트예요.
남들은 결혼할 때부터 훨씬 넓은 집도 사서 시작하는데,
제 형편을 생각하면 언제 남들처럼 사나 싶네요.
넓은 아파트로 이사 가고 싶어요.
자동차도 좀 큰 것으로 바꾸고 싶고요.

_이종미 | 27세, 갓 시집간 꽃신부

어떤 외국인이 그랬죠. 한국인은 큰 것만 좋아한다!
자동차도, 아파트도, 심지어는 브래지어도 뽕브라를 좋아한다!
아직 신혼이라면 13평도 충분하네요.
자동차도 차종이 뭐가 되었든 가지고 있다는 것만 해도
이미 충분히 행복한 것.
물질이 넘치는 세상에서 웬 과거로 U턴하는 소리라구요?
젊어서부터 너무 요란뻑적지근하게 살다가 나중에
'행복불감증'에 걸리는 사람을 저는 여럿 봤답니다.
저는 20, 30대 때 네 가족이 10평짜리 방에서 살았는데,
그 시절에는 별것 아닌 것에도 그저 행복했답니다.
애들하고도 모두 다 함께 잤는데
한창 자라는 아들 잠버릇이 심해서
잠을 잘 때면 그 무지막지한 발로 제 목을 툭툭 차곤 했어요.
저는 숨이 막혀서 헉헉거리면서도 어찌나 웃었던지……
이 녀석이 엄마 숨넘어가게 하네! 하하하^^
지금은 모두 다 아련한 추억이 되었답니다.
아직 신혼이시니까, 젊을 때 예쁜 추억 많이 만드세요.
목표를 정하고 한 계단씩 올라가서 성취하는 기쁨이 얼마나 큰데요.
내 차 뽑은 첫날의 기쁨, 기억하시죠?
더 나은 삶을 위해 노력하는 것은 좋지만,
가끔은 뒤돌아보며, 작은 것에 기뻐했던 나날들도 기억해 보세요.
지금의 내 인생에 이미 들어와 있는 행복도 잊지 마시고요.
날마다 하하호호 웃고 사시길……!

여유와 자유는 함께 다니는 '패키지'

멋지게 나이 들고 싶어요.
베풀 줄 아는 여유로운 중년이 되면 좋겠어요.
아등바등 살지 않고, 배려하며 느긋하게 살면, 멋지겠죠?

_송우진 | 그룹 '스윗소로우' 멤버

사는 것이 중요한 문제가 아니다.
올바르게 사는 것이 중요한 문제다.

_소크라테스 | 고대 그리스 철학자

사람들이 세상을 떠나기 전에
세 가지 '껄'을 후회한다죠?
좀 더 베풀'껄', 좀 더 즐길'껄', 좀 더 참을'껄'!
그런데 우진 씨는 아직 새파란 청춘이면서도
벌써 베풀 줄 아는 중년을 꿈꾸다니
우와……! 멋지고 또 멋진 청년이네요.
그 꿈속에서 찰랑찰랑 여유와 자유를 함께 누리시길 바랍니다.
여유와 자유는 늘 함께 붙어 다니는 '패키지 형제'랍니다.
감동적인 '마지막 강의'로 유명한 고(故) 랜디 포시 교수가
췌장암을 앓으며 시한부 인생을 살던 때 이야기예요.
그가 한 번은 슈퍼마켓에서 계산을 잘못해서 돈을 더 내게 됐는데
그걸 환불받지 않고 그냥 나왔대요.
환불받으려면 20분가량이 걸리는데 그 시간이 아까워서죠.
시한부 선고를 받은 그에게 가장 절실한 건 시간이었으니까요.
따지고 보면 인간은 누구나 시한부 인생을 살고 있어요.
그래서 랜디 포시 교수는 우리에게 이런 말을 남기고 떠났어요.
"시간은 당신이 가진 전부다.
그리고 당신은 언젠가, 생각보다 시간이
많이 남지 않았다는 사실을 알게 될 것이다."
맞아요. 우리에게 주어진 인생은 행복하기에도 짧죠.
그렇기 때문에 더욱 넉넉하게, 배려하며 느긋하게,
후회 없는 삶을 살아야 하지 않겠어요?

4부

긍정에 희망이 있다.
긍정의 세계는 끝없이 펼쳐진 초록색 들판~
평화롭게, 행복하게 희망을 키워낸다.
풀을 뜯는 초식동물처럼
긍정을 일용할 양식으로 호흡하는 사람은
언제나 가슴에 햇살이 흐른다, 희망이 피어난다.
그래서 긍정은 희망의 에너지!

행복멘토 최윤희

긍정을 선택하다

척추장애로 사지가 마비되고도 자활의 꿈을 버리지 않은
극사실주의 화가이자 판화가인 척 클로스.
그는 손가락에 붓을 묶고 이젤 앞에 앉아 작품에 몰두한다.
그의 좌우명은
'시련이 닥치면 더 강해져서 돌아온다!'
그냥 목숨을 유지하고 있는 것만으로도 고통스러울 그가
작품을 만들고 또 세계 순회 전시회까지 열고 있다.
육체가 고통스러울 때도 그는 휘파람을 불며
비극적인 운명을 2단 옆차기로 날려버린다.
누가 그랬다. '힘들 때 웃는 것이 일류의 삶'이라고.
자신이 처한 상황에서 다시 시작하는 척 클로스.
유쾌한 긍정의 세계 안에 그가 있다.

일본 청년 오토다케 히로타다 역시 특별한 긍정의 세계를 가지고 있다.
그는 팔다리가 없다. 그래도 얼굴에서는 웃음이 떠나지 않는다.

그의 웃음은 다이아몬드보다 더 빛난다.
옆집 아줌마가 그에게 물었다.
"아줌마가 보기엔 너무 힘들 것 같은데 어떻게 날마다 웃고 살지?"
오토다케는 씩씩하게 대답한다.
"아줌마 저는요, 두 팔 두 다리는 없지만요,
그래도 할 수 없는 것보다 할 수 있는 게 훨씬 더 많아요!"
그가 초등학교에 다닐 때 친구들이 놀렸다.
"이 팔다리도 없는 놈아!"
그가 만약 절망의 노예였다면 아마 엉엉 울면서 소리쳤을 것이다.
"어머니, 왜 나를 낳으셨나요?"
그러나 그는 긍정의 세계로 가슴을 꽉 채우고 사는 사람.
오히려 큰 소리로 친구들에게 반문했다.
"그래 어쩔 테냐? 이 팔다리 있는 놈들아!"

척 클로스, 오토다케 히로타다.
그들은 인생 33단, 긍정 77단이다.
물론 그들도 신이 아닌 사람인 이상 하루에 수십 번씩
희망과 절망 사이, 기쁨과 슬픔 사이를 오갈 것이다.
그러나 그들은 절망의 샅바, 슬픔의 샅바를 잡고
멋지게 뒤집어버린다. 아싸, 긍정 KO승!
우리는 힘들수록 슬픔에 깊이 빠져들기 쉽다.
그럴 때는 뒤도 돌아보지 말고 티켓을 끊어 희망의 나라로 향해야 한다.

희망을 찾는 여정의 네 번째 키워드,
우리는 초록빛 마음으로 '긍정'의 세계로 떠난다.

오늘은 아마
행운이 있을 거야!

'내가 사람들을 얼마나 웃길 수 있을까?'
'과연 이 길이 내가 가야 할 길이 맞는 걸까?'
끝없이 나를 괴롭히는 부정적 생각에서 벗어나고 싶어요.
늘 긍정적으로 살았으면 좋겠습니다!

_강유미 | 개그우먼

태도 하나를 바꾸자 모든 것이 바뀌었다.

_앤서니 드 멜로 | 인도 출신 가톨릭 사제

유미 씨도 그런 걱정을 하고 사는군요?
갑자기 친근감이 확 밀려오네요.
TV에서 볼 때는 '슈퍼울트라터프녀'였던 유미 씨.
실제로 보니, 20세기 할리우드 영화 속 여배우처럼 함초롬한데다
성격도 한없이 여성적이라는 것을 알았죠.
그래서 이런 '불필요한' 걱정도 하고 있었던 걸까요?
이제부터 그런 걱정일랑 싹 폐기처분해 버리세요.
유미 씨는 자타가 인정하는 최고의 개그우먼!
개그 프로그램에서 현장 특파원 캐릭터로 활약할 때도,
몸을 300퍼센트 내던져 신들린 '전방위 개그'에 올인할 때도,
또 주말드라마에서 간호사 연기를 선보일 때도,
난 유미 씨한테 완전히 반했어요.
캐릭터도 확실하고 디테일 연기도 완벽한 유미 씨는
어디서든 자기 색깔을 당당하게 드러내는 사람이었어요.
그러니, 내가 사람들을 웃길 수 있을까, 이 길이 내 길 맞을까?
그런 걱정일랑 뚝! 겉모습에 비해 살짝 소심한 모습이 인간적이기도
하지만, 그런 감정은 유미 씨의 잠재력을 잠식할 뿐이에요.
세계 제1의 갑부인 빌 게이츠, 전 마이크로소프트 회장은
성공의 비결을 이렇게 얘기했어요.
"나는 날마다 나 자신에게 두 가지 최면을 건다.
오늘은 아마 행운이 있을 거야. 난 뭐든지 할 수 있어!"
이런 자신감이 성공의 비결이었죠.
유미 씨도 아침마다 자신감을 다져보세요.
그리고 혼잣말을 할 때도 무조건 긍정적인 메시지를 담아보세요.
긍정의 혼잣말, 그거 은근히 중독성 있답니다!

키는 땅에서부터
재지 말고
하늘에서부터 잴 것

키 좀 컸으면 좋겠어요.
어렸을 때 못 먹은 것도 없는데 왜 이 모양일까요?
키높이 구두 신었다고 친구들이 놀리듯 얘기하는 것도
처음에는 웃어넘겼지만 이제는 그만 졸업하고 싶어요.
제가 키는 작아도 일은 잘해서 회사에서는 '킹왕짱'인데…….
억울하긴 하지만 왠지 주눅이 드는 건 어쩔 수가 없어요.
지금이라도 키 크는 방법 없을까요?

_이병철 | 28세, 세일즈맨

비록 땅에서부터 재는 나의 키는 너보다 작지만,
하늘에서부터 재는 나의 키는 너보다 크다.
너를 꺾고자 하는 나의 맘은 누구보다 더 크다.

_나폴레옹 | 프랑스의 군인이자 황제.
"그 작은 키로 무슨 일을 할 수 있겠느냐?"고 비꼬던 키 큰 적장에게 한 말

유쾌, 통쾌, 상쾌한 싸나이, 병철 씨!
내가 아는 병철 씨는 '창의력 짱'인 기발한 세일즈맨!
그리고 대학생 시절부터 남다른 아르바이트로 자신의
인생을 버라이어티하게 창조한 '샐러던트'죠.
그래서 저는 가끔 이런 생각을 해요.
신이 이병철을 제작·생산하실 때 고른 유전자 속에
기발함과 유쾌함의 DNA를 은근슬쩍 쏟아 부은 게 아닐까 하고요.
그다지 작은 키가 아닌데도 불구하고 키높이 구두를 신고
조금이라도 더 커 보이려고 안간힘 쓰는 병철 씨.
사실 저는 그 모습이 얼마나 귀여운지 몰라요! ^^
저는 당신의 키가 지금 그대로 있기를 희망합니다.
(야속하다고요? 조금만 더 들어보세요.)
그래야 작은 키를 극복하려는 당신의 안간힘, 몸부림이
계속 업그레이드될 테니까요.
전 지금의 병철 씨를 만든 것도 그 몸부림이라고 믿어요.
사람은 스스로 조금 부족하다고 느낄 때,
그것을 채우기 위해 더 치열하게 달리는 법이거든요.
그래서일까요?
키는 작지만 역사를 좌지우지한 '작은 거인'도 많잖아요.
나폴레옹! 윈스턴 처칠! 등소평! 그리고 조용필……!

몸매의 S라인,
얼굴의 S라인,
마음의 S라인

CF 퀸 전지현처럼 되고 싶어요.
거울에 비치는 제 모습을 보면 정말 우울해요.
웬만한 희망은 싹 사라지는 기분이죠.
제 희망은, 세월이 가도 여전히 그대로인 동안!
똥배 하나 없이 납작한 배! 환상의 S라인과 롱다리!
농담이냐고요? 제가 오죽하면 이러겠어요.

_정미정 | 25세, 취업 준비 중

거울을 보며 활짝 웃어라,
거울 속에 있는 이도 너를 보며 웃는다.
그 얼굴은 네 남은 인생 중 가장 젊은 얼굴이다.

_무명씨

자신을 외면하는 것만큼 슬픈 일은 없어요.
보이는 것보다 보이지 않는 것이 훨씬 더 오래간다는 사실!
비주얼은 그럴싸한데 마음은 쓰레기 소각장 같은 사람?
바~로 외면해 주고 싶어요.
이제 세상은 개성시대! 이른바 '하자'가 '개성'이 되는 시대죠.
요즘 인기 초절정인 리얼리티 프로그램들 보세요.
그 프로그램을 끌고 가는 주인공들 말예요.
모두 다 비주얼은 그다지 감동적이지 않지만,
개성 팔팔, 매력 팔팔, 얼마나 멋진가요?
이제 그들처럼 개성으로 승부하는 시대랍니다.
개성으로 치면 저도 만만치 않아요. 제 얼굴로 말하자면
세 글자로 '비호감', 네 글자로 '옳지 않아', 영어로는 '아임 쏘리'
대한민국 최고 '얼꽝'으로 자타가 공인한 챔피언이랍니다.
그래도 날마다 씩씩하게 전국을 휘젓고 다니잖아요.
저를 보고 자신'빵빵'하게 사세요!
그리고 우리, 몸매의 S라인보다 더 환상적인
얼굴의 S라인, 마음의 S라인을 다듬어봐요.
얼굴의 S라인이란 바로 스마일(Smile) 라인!
마음의 S라인이란 바로 만족(Satisfaction)!
아무리 예쁜 톱스타도 찡그리고만 있다면
30분은커녕 3분도 같이 앉아 있기 싫어요.
웃을 일이 없는데 어떻게 웃느냐고요? 제 경험으로는
웃는 것도 훈련으로 습관이 될 수 있어요.
즐거워서 웃는 게 아니라 웃으면 즐거워진다는 얘기!
이 간단한 인생의 비밀로 우울을 떨쳐 버리세요.

쫓아다니면 더 달아나는 두 가지, 돈과 여자!

돈, 돈, 돈, 웬수 같은 돈!
그래도 미워할 수 없는 돈!
언제쯤이나 돈을 마음껏 써볼 수 있을까요?
아…… 돈을 짝사랑하는 일, 이제 그만 하고 싶어요.

_익명의 남성 | 42세, 직장인, 결혼 10년차

꿈을 이루는 것, 홀로 하는 노동에 땀을 쏟는 것,
창작할 기회를 얻는 것이야말로 삶의 기초다.
돈은 스테이크에 곁들인 소스와도 같은 것이다.

_베티 데이비스 | 미국의 여배우

맞아요. 누구나 다 바라는 돈.
그러나 쉽게 친구가 될 수 없는 돈.
그래서 돈을 짝사랑하는 사람들이 많아요.
그러나 돈은 짝사랑한다고 찾아오는 것이 아니랍니다.
돈과 여자는 쫓아다니는 것이 아니라고 하잖아요.
그냥 무시해 버리세요.
'까짓것, 내가 너 따위에 굴복할 것 같더냐?'
그렇게 생각하고 돈을 무시해 버리고 사세요.
그러다 보면 어느 날 돈이 당신 앞에 무릎 꿇고
"주인님!" 하며 넙죽 엎어진답니다.
돈을 짝사랑하고 섬기면 돈의 노예가 될 뿐이에요.
노벨상 수상자인 MIT의 로버트 호비츠 교수는 이런 말도 했어요.
"노벨상은 목표가 아닌 부산물일 뿐이다.
가슴이 시키는 대로 인생을 살아가는 과정에서 받은
선물이라고 할 수 있다."
돈도 마찬가지예요.
가슴이 시키는 대로 열심히 달려가다 보면,
어느새 내 곁에 와 있는 뜻밖의 선물, 그런 거죠.
돈을 만나고 싶으면,
가슴속 꿈을 따라 먼저 달려보세요.
어느새 옆에서 '어이!' 하고 돈이 말을 건넬걸요!

없는 것보다 가진 것을 세어 보자

저는 손에 콤플렉스가 있어요. 너무 뭉툭하거든요.
웬만하면 남들 앞에서 글씨도 잘 안 쓰고, 손도 잘 펴지 않아요.
"에이, 손 가지고 뭐가 그리 고민이야? 고민할 것도 참 없다."
하는 사람들도 많지만, 저는 정말 심각해요.
수술이라도 하면 고칠 수 있을까요?

_권지선 | 17세, 고등학생

나는 지금 있는 그대로의 당신이 좋아요.

_영화 '브리짓 존스의 일기' 중에서 |
뚱뚱하고 실수투성이인 브리짓에게 마크 다시가 사랑을 고백할 때

손가락이 뭉툭하다구요?
저는 제 손가락이 얇아서 너무 싫은데!
손가락이 너무 얇으니까 힘도 없고 잘 부러진답니다.
그래서 저는 손가락이 좀 뭉툭해서 힘이 세졌으면 좋겠어요.
사람은 왜 그렇게 정반대쪽을 갈망하면서 사는지 정말 신기해요.
사람들은 늘 자신이 갖지 못한 것을 아쉬워하죠.
갖고 있는 많은 것들은 안중에도 없어요.
손가락이 뭉툭하다고 해서 무엇인들 못하겠어요?
그런 것은 이 세상의 주인공이 되는 데 걸림돌이 될 수 없죠.
미국에는 요리의 아카데미상이라고 할 수 있는
제임스 비어드상이라는 것이 있어요.
최근에 그 상을 수상한 그랜트 애커츠라는 미국 요리사는
설암으로 미각을 잃은 사람이래요.
그의 혀에 암이 생긴 때는 그가 한창 요리사로 이름을 날리던 시절.
그리고 화학치료를 받기 시작하자, 혀의 감각이 사라졌대요.
미각을 잃은 장금이라고나 할까!
하지만 그는 좌절하지 않았어요.
'혀의 감각은 사라졌지만 음식 재료 각각에 대한 기억력은
사라지지 않았다'며 오히려 그 덕분에 새로운 메뉴를
끊임없이 개발할 수 있었다고 해요.
갖지 못한 것에 한숨 쉴 이유가 없어요.
그것 말고도 우린 가진 것이 너무나 많거든요.
자, 손가락 다섯 개 있다는 것만 해도 감지덕지,
행복하게 사세요. 아셨쥬?

열일곱 번 쓰러지면?
열여덟 번 일어나지!

지금은, 먹고사는 걱정만 없어도 살겠어요.
날마다 막노동으로 버티고 있답니다.
작은 건설회사 10년 다니다 회사가 부도나서 이렇게 되었어요.
사실 저는 인테리어 회사 하나 만들어서
신나게 일하며 사는 게 꿈인데…….
그날만 꿈꾸면서 살기는 하지만, 당장 지금이 너무 힘들어요.

_이름도 생각하기 싫은 한 남자 | 39세, 결혼 11년차

권투는 너무나 힘든 스포츠야.
네 몸을 망가뜨리고 코뼈도 부러뜨리지.
그러나 네가 그 고통을 무서워하지 않고 '즐기기만' 한다면,
너의 몸에서는 신비한 힘이 솟아날 것이다!

_영화 '밀리언 달러 베이비' 중에서

그래요. 지금도 많은 사람들이 힘들어하고 있어요.
제발 정치인들 그만 싸우고 서민들 일자리 좀 만들어주면 좋겠어요.
얼마 전에 신문기사를 보고 더 화가 치밀더군요.
'중산층이 무너져버렸다.' 그, 그런데……
재산이 15억은 되어야 중산층, 30억 이상이 상류층?
아, 약이 오르다 못해 기운이 다 빠지더라고요.
서민들은 종일 땀 흘려 일해도 몇만 원 겨우 벌까 말까 한데
억, 억, 억이라뇨? 정신 차려야 할 사람들이 한둘이 아니에요…….
그래도 당신들처럼 열심히 사시는 분들이 계시기에
우리 사회가 이만큼이라도 버티고 있는 거죠. 힘내세요.
저는 대중교통을 자주 이용하는데, 얼마 전에 이런 일을 겪었어요.
한 아저씨가 손에 칫솔을 들고 얘기를 시작하더군요.
"여러분, 막대에 털이 달린 물건이 무엇일까요?"
모두들 자거나 딴청을 피우며 아무 관심을 두지 않았어요.
그 사람은 아랑곳 않고 자기 질문에 자기가 대답하더군요.
"맞습니다. 칫솔이죠. 이 칫솔로 말씀드릴 것 같으면, 유명백화점
에서 하나에 5천 원 하던 것을 오늘 특별히 천 원에 모십니다."
역시 사람들의 반응은 '뚱' 그 자체였죠.
하지만 저는 그분 마지막 멘트를 듣는 순간 정신이 번쩍! 하더군요.
"여러분들이 하나도 안 사주신다고 제가 포기할 것 같습니까?
제게는 다음 칸이 있습니다!"
그래요. 우리에겐 언제나 '다음 칸'이 있어요.
겨울이 지나면 봄이 오고, 밤이 지나면 아침이 오잖아요.
동트기 전이 가장 어두운 법! 희망만은 꼭 붙들고 가보세요.
아자아자! 얍!

착한 여자?
가만있어도
빛나는 여자!

요즘 젊은 남자들은 '예쁜' 몸매를 '착한' 몸매라고 해요.
그러니 몸매도 '자유분방'한데다 별로 싹싹하지도 않은 저는
자동으로 '못된' 여자가 되어버리는 거죠.
나이 드신 어른들은 다들 저를 좋아라 하시는데…….
김용건, 임하룡 선배님은 '내가 만약 젊었다면
현숙이 너에게 프러포즈했을 거여!' 하신다고요.
그런데 왜 젊은 '넘'들은 내 가치를 모를까요?
제가 남자들이 좋아하는 모습으로 달라져야 하는 걸까요?

_김현숙 | 개그우먼, 연기자

착한 여자는 천국에 가지만
나쁜 여자는 어디든 다 간다.

_독일 속담

그 마음 이해하고 또 이해해요.
'출산드라'도 '막돼먹은 영애 씨'도
정말 통 크고 멋지고 유쾌한, 매력적인 여자!
남자들은 대체 더 이상 무엇이 필요해서 그럴까요?
단체로 고도근시에라도 시달리고 있는 걸까요?
대한민국 젊은 '넘'들을 단체로 라식수술 시켜버릴까요? 우훗!
그러나 머지않아 곧 현숙 씨의 '그'가 짜잔! 하고 나타날 거예요.
시즌 3까지 진행되며 최고의 인기를 구가하고 있는
'막돼먹은 영애 씨'도 꽃미남과 연애사를 엮어가고 있잖아요.
현실도 얼마든지 그렇게 만들 수 있어요!
'출산드라' 역할로 개그 프로그램에서 주목받을 무렵
'나라는 인간이 무엇이기에
객석의 사람들이 행복한 웃음을 지으며 박수를 쳐줄까'
라고 생각하며 카타르시스를 느꼈다고 했죠?
그렇게 자신을 과소평가했던 현숙 씨!
자기에 대한 사랑에 눈뜰 때,
여자의 매력은 한층 업그레이드되는 거 아시죠?
반짝반짝 빛이 나면 남들 눈에 안 띌 수가 없거든요.
객석의 관객들처럼 당신의 매력을 알아보고
웃음 지으며 달려와 줄 운명의 남자가 있을 거예요.
앗, 조오기 저~만큼 보이지 않으시나요?
매력짱 현숙 씨를 향해서 달려오고 있는 한 남자!

격이 높은 사람에게는 '다른' 성공이 보인다

이 땅을 떠나고 싶다.
정치하는 꼴을 보고 있으면 복장이 터진다.
애들이 뭘 배우겠는가?
교육제도 돌아가는 것도 불만이다.
우리 애들이 적응 못해도 걱정, 적응해도 걱정…….
애들을 생각해서라도 미국이나 캐나다로 이민 가고 싶다.
그런데 돈도 없고 '빽'도 없으니 원.

_그냥 아줌마예요 | 40세, 주부

내 나라, 내 민족, 내 가족인걸.
희망을 품고 이곳이 좋아질 거라는 생각으로 살아야지.
도망가면 같이 싸울 사람이 또 한 명 줄어드는 거 아닌가.

_신해철 | 가수. 남성주간지 〈M25〉와의 인터뷰에서

당신의 마음 충분히 이해가 되네요. 완전 통째로 대공감!
하지만 이민이나 가고 싶다는 생각은
우리나라의 교육 문제를 해결하는 데도 도움이 안 되고,
당신 가족이 진짜 이민 가는 데도 전혀 도움이 안 돼요.
결국 싫든 좋든 우리가 만들어갈 나라,
대한민국을 만드는 것은 우리 몫이예요.
게다가 요즘은 국내에서 뭔가 중요한 이슈가 생기면
이민 가 있는 교포들도 적극적으로 의견을 제시하지 않던가요.
무작정 이민을 가서라도 현실을 외면하고 싶다는 생각을
조금 더 적극적인 방식으로 해소하면 어떨까요?
다른 사람이 어떻게 사는가는 의식하지 마세요.
오늘날 성공의 기준이 아무리 엉뚱하게 왜곡되고 있다 해도
자기 인생은 자기가 경영하는 것이니까!
그리고 한 나라가 진정한 선진국인가를 평가하는 기준은
경제성장률 따위가 아니라 바로 그 나라의 '품격'이예요.
별거 아닌 것에 까르르 뒤집어지면서 감사할 줄 알고
나보다는 남을 먼저 배려하는 사람이 진짜 격이 높은 사람!
21세기의 아이들에게는 그런 성공을 가르치세요.
그렇다면 무리해서라도 꼭 외국으로 내보낼 필요도 없겠죠?
자, 저하고 새끼손가락 걸어요.
아침에 일어나면 가족끼리 까르르 뒤집어지기부터 하기!

분노, 제압당하기 전에 제압하라

'욱'하는 성격을 어쩌면 좋을까요?
보통 때는 조용한 성격인데, 한번 화가 치밀면 제어가 안 돼요.
주변 사람들도 제 돌변하는 태도에 많이 놀라는 듯하고,
요즘은 왠지 제 눈치를 보는 것 같기도 해요.
사실은 이 성질머리 때문에 한 번 큰일 친 적도 있어요.
어떻게 해야 끓어오르는 분노를 조절할 수 있을까요?
_강미란 | 27세, 회사원

3초 변환기

우선, 문제를 알고 있으니 절반은 이미 해결된 거군요!
우리 안에는 누구나 두 사람이 함께 살고 있답니다.
악마와 천사, 급한 사람과 느긋한 사람.
우리가 순간순간 누구 손을 들어주느냐에 따라 행동이 결정되죠.
이제부터는 '자기 매뉴얼'을 만드세요.
전자제품도 사용법이 있듯이 '자기 사용법'을 만드는 거죠.
그래서 분노가 슬금슬금 차오르는 것을 느낄 때마다
무슨 말이나 행동을 하기 전에
'잠깐만, 3초만'을 외워보세요. 욱하는 것은 불과 0.01초!
'잠깐만, 3초만' 하는 사이에 감정은 어느 정도 가라앉아요.
이런 습관을 생활화한다면 '욱'하는 마음도 자취를 감출 거예요.
어떤 사람들은 이런 방법도 쓴대요.
화를 내기 전에 스스로에게 격려의 문자 메시지를 날리는 거죠.
역시나 '감정을 다스릴 시간 벌기'에 효과적이에요.
'화 일기'를 쓰는 사람도 있어요.
자신이 하루 동안 화를 냈던 것을 일기에 써서 나중에 보면,
자신의 행동을 객관적으로 판단할 수 있으니까요.
근육이완 훈련이란 것도 해보세요.
조용한 음악을 틀어놓고 몸의 긴장을 풀어보면
마음도 다스려져요.
우리의 몸과 마음은 하나니까요.
한번 시작해 보면, 금세 몸에 밸 수 있는 습관들.
시작해 보세요. 인생이 다섯 배쯤 즐거워질 거예요.

인생의 보약은 쓰디쓴 실패로 찾아온다

결혼한 지 5년째.
유산을 두 번 한 뒤로 임신이 안 돼요.
나이는 들어가고. 어른들의 걱정 어린 시선도 부담스럽고.
남편은 술이 부쩍 늘었어요.
엄마가 되고 싶은 제 꿈은 이루어질 수 있을까요?

_익명의 여성 | 33세, 주부

그때는 몰랐지만, 애플에서 해고된 것은 지금껏 내게 일어난 일 중에서 최고였습니다. 그로 인해 성공이라는 무거움은 다시 시작한다는 가벼움으로 대체됐습니다. 물론 모든 것에 대해 확신도 적었죠. 그것은 나를 내 인생 최고의 창조적인 시기로 밀어 넣었습니다. 쓰디쓴 약이었지만 환자였던 내게는 정말 필요한 약이었던 것입니다. 때로 인생은 당신의 뒤통수를 벽돌로 때립니다. 믿음을 잃지 마세요. 여러분도 사랑하는 것을 찾으세요. 연인을 찾을 때 진실하듯 일도 마찬가지입니다.

_스티브 잡스 | 애플 사 CEO

나이도 겨우 33세인데 왜 그렇게 절망하세요?
제 후배는 결혼 11년 만에 이쁜 아기를 낳았답니다.
요즘은 아이가 쉽게 생기지 않아 고민하는
젊은 부부들이 참 많아요.
그런데요, 모든 일이 그렇듯이
부모가 걱정하면 아기도 더 안 생기는 것 같아요.
너무 마음 졸이면 몸도 긴장상태가 되나 봐요.
오랫동안 아이를 기다려도 생기지 않아 입양을 했는데,
그 이후에 임신이 됐다는 사람들도 많아요.
임신에 대한 집착에서 벗어나 마음이 편안해지니까
비로소 임신이 된 거죠.
그러니 그냥 잘 먹고 즐겁게 사세요.
엄마가 행복하게 살고 있으면 이쁜 천사 아기가
짠! 하고 나타날 거예요.
물론 적극적으로 아기를 '제작'하기는 해야겠죠!
하지만 아기와 임신에만 모든 것을 걸 필요는 없는 것 같아요.
아이 없이 행복하게 알콩달콩 즐기는 부부,
입양해서 가슴으로 낳은 아이와 행복하게 사는 부부도 많아요.
행복의 길은 많으니까, 마음을 더 크게 여세요.
스스로를 불행의 쪽방으로 몰아넣지 마세요.
지금 이 순간이 행복하지 않다면?
이제 막 행복해지려는 순간이라고 생각하세요.
자, 이제 그 행복을 맞을 준비를 하세요.

걱정도 '습관'이셔!

날마다 걱정 없이 살고 싶다!

_유세윤 | 개그맨

걱정은 출처가 무엇이건 간에
우리를 약화시키는 것이요,
용기를 앗아가는 것이요,
인생을 단축시키는 것이다.

_존 랭카스터 스팔딩 | 미국의 가톨릭 사제, 작가

요즘 인기 캐릭터인 '닥터피쉬'를 흉내 내서 한마디 할게요.
"잘 해나가고 있으면서 뭘 그리 엄살 떠나, 이 사람아!"
하기야 세윤 씨가 정말 착한 사람이라는 소문은 많이 들었어요.
또 개그맨들이 '스트레스 창고'에서 사는 것은 사실이구요.
날마다 쌓이는 스트레스, 스트레스, 스트레스…….
저도 예전에는 개그맨들이 웃기지 못하면
"아니, 저것도 개그랍시고 하는 거야? 하이고, 하나도 안 웃기네요!"
하며 콧방귀를 날리곤 했어요.
그런데 코미디 교실에서 코미디 각본을 써본 뒤론 180도 달라졌죠.
남을 웃기는 일이야말로 '초고난도 프로젝트'라는 사실!
하지만 저는 세윤 씨에게
미국 정신과 의사 조지 월튼의 말을 들려주고 싶네요.
"우리가 하는 걱정의 40퍼센트는
절대 일어나지 않을 사건들에 대한 것이고,
30퍼센트는 이미 일어난 사건들,
22퍼센트는 사소한 사건들,
4퍼센트는 우리가 바꿀 수 없는 사건들에 대한 것이다.
나머지 4퍼센트는 우리 힘으로 바꿀 수 있는 일에 대한 것이다."
말하자면 걱정은 거의 필요 없다는 것!
걱정한다고 안 될 일이 되는 것도,
또 걱정 안 한다고 될 일이 안 되는 것도 아니니
세윤 씨, 그냥 지금처럼 멋지게 사세요.
'건방진 도사'처럼 자신만만하게!
'닥터피쉬'에서처럼 도도하고 뻔뻔하게!

인생을
있는 그대로
받아들여라

사랑하는 남자를 만나서 오랫동안 잘살았으면 좋겠어요.
증가하는 이혼율, TV만 켜면 나오는 불륜 소재 드라마들…….
이래서야 사람을 어떻게 믿고 만나죠? 으, 불안해요.
깨지고 버림받고 이별할 게 두려워, 사랑도 힘들어요.
영원한 사랑은 없는 걸까요?

_채아람 | 33세, 사회복지사

아예 사랑을 하지 않는 것보다
사랑하고 실연하는 것이 낫다.

_알프레드 테니슨 | 영국의 시인

아니, 아람 씨!
아직 남자친구도 없으면서 불안해하기는!
사랑이라는 것이 변하기도 하고 상처를 남기기도 하지만
그건 모두 훈장이에요.
이별을 해본 사람은 고뇌의 상처와 아픔이 있었기에
그만큼 더 깊이 발효되고 향기로운 인간이 되어 있을지도 몰라요!
그렇다고 미리부터 자신을 비련의 주인공 삼아
시나리오를 쓰는 건~ 오, 곤란해요.
구더기 무서워서 장 못 담그면,
못 담가서 못 먹는 사람만 손해!
사랑하고 사랑받고, 다양한 추억도 만드세요.
이별도 실연의 아픔도 성장의 기회가 될 수 있어요.
사랑의 모든 과정을 통째로 받아들이도록 해보세요.
인생의 아름다운 풍경, 그윽한 향기를 흠뻑 느낄 수 있을 테니까요.

가장 큰 번뇌가
가장 큰 위로가 된다

흩어져 사는 우리 가족들이 함께 살기만 하면
더 바랄 것이 없겠다.
남편은 서울에서 전도사로 활동하고,
나는 이천에서 군인으로 복무 중이다.
다섯 살 난 딸은 친정 동생이, 네 살짜리 아들은
시어머니가 키워준다.
아, 언제나 흩어진 가족들이 함께 모여 살까?

_변수진 | 35세, 대위

카르페 디엠, 현재를 즐겨라.
시간이 있을 때 장미 봉우리를 거두라.

_영화 '죽은 시인의 사회' 중에서

이쁜 변수진 대위. 나는 강의하러 가서 당신을 만났어요.
그런데 만나기 전부터 문자와 전화를 통해
당신이 정말 괜찮은 사람이라는 것을 알았죠.
어쩜 그리도 상대방을 배려하는 마음을 가졌던지!
강의가 끝나고 나서도 이런저런 이야기를 나누다 보니
더 깊은 이야기가 나오더군요.
가족이 모두 흩어져 살다 보니
함께 모여 살기만을 바란다는 변수진 대위.
우리는 날마다 가족들과 함께 살면서도
행복한 것을 모르니 왠지 미안했어요.
하지만 어쩔 수 없는 상황이라면 있는 그대로 받아들이고
현재를 즐기세요.
옆에 있었다면 아등바등 다툼이 많을 수도 있는데
떨어져 있기에 더 애틋할 수 있고, 더 많이 아껴줄 수 있죠.
떨어져 있는 동안 진하게 농축된 사랑을
듬뿍 안겨주게 되잖아요.
오랜만에 만났을 때는 일 분 일 초까지
소중하지 않던가요? 그 마음들을 즐기세요.
다시 만날 날이 곧 올 텐데요, 뭐.
이쁜 수진 대위님. 힘내세요!

마음은 늘 예측불허, 그래서 인생에는 늘 희망이 있다

몇 년 새 힘든 일이 줄줄 이어지는 상황이다.
그런데 내 마음은 이것 같기도 하고, 저것 같기도 하고.
어제는 저거였다가, 오늘은 이거였다가……
나도 내 마음을 모르겠다. 마음이 잡히지 않는다.
해결되는 것은 하나도 없이 살아가는 것, 이젠 너무 피곤하다.
내 마음이라도 내가 알 수 있었으면 좋겠다.

_최정훈 | 27세, 마산시 양덕동

내가 무엇을 먹는지는 알지만
무슨 짓을 하는지는 모른다.
나는 내 오감이 무엇을 원하는지는 정확히 알았다.
그러나 내 감정이 무엇을 원하는지, 그것은 알 수 없었다.

_살바도르 달리 | 스페인의 화가

스포츠 경기의 결과를 미리 다 안다면 무슨 재미?
인생도 마찬가지랍니다.
수시로 변하고 통제하기도 힘든 사람의 마음~
때로는 오락가락하는 변덕쟁이가 싫기도 하지만
그것이 바로 즐거운 인생의 '기본메뉴' 아닐까요?
인생이 재미있고 흥미진진할 수 있는 것은,
자기 마음도 모르고 다른 사람 마음은 더욱 몰라서일지도요.
우선은 자기 마음을 있는 그대로 받아들이세요.
하지만 거기서 멈춘다면 상황은 쉽게 나아지지 않을 거예요.
그토록 간사하고 그토록 신비한 우리 마음속에는
수많은 마법의 버튼이 내장되어 있다는 것을 알아차려야 해요!
휴대폰만 해도 수십, 수백 가지 기능이 장착되어 있지만
정작 우리는 몇 가지 버튼만 사용하듯,
마음속 마법의 버튼들을 평생 한 번도 눌러보지 않고
살아가는 사람들이 99.9퍼센트일 거예요.
저는 지금으로부터 약 24년 전,
남편이 사업에 완전히 실패, 거지가 된 적이 있었죠.
1. 이혼? 2. 가족동반 자살? 3. 묻지마 타락?
4. 새 출발? 이렇게 사지선다형 질문을 스스로에게 던졌어요.
1번은 절차가 복잡해서 좌절, 2번은 애들이 가여워서 포기,
3번은 얼굴이 안 따라서 통과, 결국 4번을 선택했죠.
그 '새 출발' 버튼을 누르는 순간
제게는 마법이 일어났답니다. 절망에서 희망으로 순간이동!
당신은 날마다 마법의 버튼을 눌러 보시나요?

눈 위에 칼 대신
눈 속에 별!

눈 좀 예뻤으면 좋겠다.
시원하게 쌍꺼풀진 눈이 얼마나 부러운지.
남들 다 하는 쌍꺼풀 수술 나도 좀 하겠다고 했더니,
엄마가 난리법석이다.
쌍꺼풀 만들다가 더 망가진 사람 여럿이라며 그냥 살란다.
우야꼬?

_익명의 여성 | 19세, 대학생

쌍꺼풀 없는 눈은, 동양 미인의 특징이죠.
파리, 뉴욕, 런던, 밀라노에서 열리는 세계 4대 컬렉션을 누비는
한국 출신의 세계적인 패션모델이 있다는 거 아세요?
샤넬이니 루이비통이니 하는 글로벌 브랜드에서
앞 다투어 찾고 있는 인기 절정의 모델, 혜박과 한혜진!
이 아가씨들의 공통점이 바로 쌍꺼풀 없는 눈이에요.
다른 매력들도 많지만, 특히 그 동양적인 눈이
서구의 디자이너들을 매료시키고 있다지 뭡니까!
병원에서 국화빵처럼 찍어내는 쌍꺼풀진 눈~
너도 나도 똑같은 모양으로 쌍꺼풀진 눈~
이런 눈으로는 매력이 늘기는커녕
오히려 휘리릭 사라져버릴 수 있어요.
쌍꺼풀이 있든 없든, 수술이 아무리 잘 됐든 못 됐든,
그것보다 더 중요한 게 있어요.
눈꺼풀 속에 숨어 있는 눈빛!
쌍꺼풀이 중요한 것이 아니라
그 눈 속에 빛나는 별이 있느냐, 없느냐?
그것이 훨씬 더 중요하답니다.
눈에 칼을 대기보다는 눈 속에 '별'을 만드세요.
눈 속에 별을 만드는 방법은?
당신만의 특별한 매력을 만드는 것!
따뜻하고 아름다운 마음으로 사는 것!

미래는
지금 당신의 생각대로
진화한다

일곱 살 때 친척 오빠한테 성추행당한 기억이
아직도 저를 괴롭혀요.
시간이 지나면 잊힐 줄 알았는데…….
떨쳐버리고 싶은데 잘 안 되네요.
그 악몽으로부터 해방되고 싶어요.

_이름을 적지 않은 어느 여대생 | 21세

실패는 추락하는 것이 아니라
추락한 채로 있는 것이다.

_메리 픽포드 | 무성영화 시대의 미국 여배우

당신이 지금 내 앞에 있다면 꼭 껴안아주고 싶군요.
그러나 무엇보다 급한 건 생각을 빨리 바꾸는 거예요.
지금 당신을 괴롭히는 과거는 당신 잘못이 아니에요.
괴로워해야 할 사람은 당신이 아니라 오히려 그 친척 오빠죠.
죄는 그 '놈'이 지었는데
왜 당신은 죄도 없이 그 업보를 평생 지고 가야 하나요?
세계적으로 유명한 방송인 오프라 윈프리 아시죠?
그녀는 어려서 여러 남자들에게 성폭행을 당했어요.
심지어 열네 살이라는 어린 나이에
미숙아를 낳은 미혼모가 되기도 했죠.
아기는 2주 만에 세상을 떠났대요.
그러나 그녀는 생방송 중에 당당하게 이 모든 사실을 고백했어요.
그리고 스스로 의사가 되어 자신을 치유해 냈죠.
당신도 스스로 치유할 수 있어요.
나쁜 기억은 발목을 잡는 늪과 같은 것~
빨빨 잊어버리세요. 대패로 박박 밀어버리세요.
"과거는 바뀔 수 없지만
미래는 아직 당신 손에 달려 있다."는 말이 있죠.
당신이 염두에 두어야 할 것은 오직 이 말뿐!
어린 마음에 상처받은 것도 속상한데,
앞으로의 인생까지 손해 보는 건, 너무 억울하잖아요!
당신에게 '행복 자격증'을 드리고 싶어요.
그것도 최상급 자격증으로!

걱정은 '가불'할 필요가 없다

전 풍성한 머리카락이 너무너무 부러워요.
숱이 별로 없어서 빠진 머리카락만 봐도 후들후들 떨려요.
대머리가 될까 봐 지금부터 걱정과 불안과 공포에 떨고 있답니다.
저희 아버지도 대머리시고 저희 형님도 대머리,
큰 아버지도 대머리. 친척들 둘러보면 대머리 천지예요.
그러니 걱정이 안 되겠어요?

_이준수 | 20세, 대학생

준수 씨. 미리 걱정 마세요.
그리고 걱정 많이 하면 머리 더 빠지는 거 모르세요?^^
그런데…… 머리 좀 빠지면 어때요?
일단 대머리가 부끄러운 것이라는 편견을 버려야겠군요.
그것은 남들에게서 전염된 편견에 지나지 않아요.
신은 인간에게 부끄러운 부분을 가리게 하셨대요.
위대한 머리는 가릴 필요가 없는 거예요.
"왔노라, 보았노라, 이겼노라!"를 외쳤던
로마의 영웅 줄리어스 시저는 대머리였습니다.
역시 대머리였던 영국의 명수상 윈스턴 처칠 경은
"대머리가 되는 것을 너무 두려워하지 말라.
사람들은 머리카락이 얼마나 많고 적은가에 관심이 있기보다는
그 머리 안에 무엇이 들어 있는가에 더 관심이 있다."고 했죠.
율 브리너라는 할리우드 배우도 만약 대머리가 아니었다면
그렇게 빛나는 매력을 발산할 수 있었을까요?
일부러 머리 박박 깎고 다니는 아티스트 오빠들을 보면
이제는 대머리도 당당한 스타일로 소화하는 시대!
위대함을 증명하는 빛나는 럭셔리 훈장이에요!
한 컨설턴트는 자신이 만난 CEO 중에 70퍼센트가량이
대머리였다는 말도 하더군요.
실제로 '걸인 치고 대머리인 사람 없다'는 말도 있어요.
대머리는 이제 치열한 열정과 성취의 상징으로 생각하면 어떨까요?
편견을 뒤집으면 인생의 스펙트럼이 훨씬 더 넓어진답니다.

비전은
스스로 만든 한계를
뛰어넘는 것

회사 생활에 비전이 없어요.
그러다 보니 스스로에 대한 자괴감 때문에 괴로워요.
이 일을 계속해야 하나, 말아야 하나?
그만둔다고 해도 딱히 할 것도 없는데.
사는 게 뭔지……. 무의미, 무재미예요.

_이진숙 | 38세, 출판사 편집장

나는 두 눈이 없다. 그러나 비전은 있다.
당신들은 왜 두 눈을 가지고도 비전이 없는가!

_헬렌 켈러 | '삼중고의 성녀'라 불리는 미국의 저술가, 교육자

함께 식사를 하는 동안, 진숙 씨는 한숨을 많이 쉬었어요.
서른여덟이면 아직 쨍쨍한 나이, 인생의 비전은 스스로 만드는 것!
일단 세 가지부터 시작하세요.
첫째, 목표부터 정하라!
목표가 있는 사람은 눈빛이 다르고 몸의 라인이 다르죠.
왜? 꿈이 있으니까! 어떤 힘든 것도 이겨낼 힘이 생기니까요.
과녁이 없는데 어디를 향해서 화살을 쏘겠어요?
무엇을 할 것인가부터 정하세요.
둘째, 노트를 한 권 사라!
그래서 날마다 무엇이든 내키는 대로 적어보세요.
쓰다 보면 스트레스가 날아가고 자기 정리도 되거든요.
그냥 두면 스쳐 지나가버릴 생활도 소중한 자료가 된답니다.
5년 뒤에는 그 노트를 정리해서 책을 내세요.
책은 누구라도 낼 수 있는 거예요.
작가들은 태어나는 게 아니라 만들어지는 것.
열심히 쓴 글 중에서 혼자 알기 아까운 것들을 모아보세요.
저도 그렇게 작가가 됐죠.
셋째, '초'긍정으로 살아라!
살다 보면 무수한 좌절의 순간이 찾아온답니다.
그럴 때마다 다시 얍! 하고 솟아오를 수 있는 긍정,
아니 긍정의 형님뻘인 '초'긍정 사고를 가져야 해요.
초긍정 앞에 포기란 절대 있을 수 없어요!
……정말 그렇게 될 수 있겠느냐고요?
물론이죠. 진숙 씨는 뭐든 마음먹으면 해내는 사람이잖아요.
지금 빨리 문구점으로 달려가서, 노트부터 한 권 사세요!

치열한 삶,
그 사이에 찍는
쉼표의 맛

날마다 전쟁터에서 서바이벌 게임하듯 살아가는 현실.
아…… 바람처럼 구름처럼 살 수는 없을까?

_박성준 | 47세, 중소기업 사장

당신이 살아 있는 동안
당신에게 일어나는 일들을 받아들이라.
모든 것은 지나가버린다.

_세실 프란시스 알렉산더 | 아일랜드의 찬송 작가

청산은 나를 보고 말없이 살라 하고
창공은 나를 잡고 티 없이 살라 하네.
사랑도 벗어놓고 미움도 벗어놓고
물같이 바람같이 살다가 가라 하네.

이런 시 기억하세요? 저도 한때는 아주 좋아했죠.
그러나 지금은 생각이 좀 달라요.
물같이 바람같이…… 잠시는 좋아요. 다만 쉼표를 찍듯이!
일주일, 한 달 정도는 바람처럼 사는 것이 행복할 수 있으니까요.
그러나 일 년을 넘겨 몇 년쯤 그렇게 살아보세요.
아마 당신은 삶의 권태에 휘말리지 않으려 발버둥치고 있을 거예요.
참을 수 없는 존재의 가벼움이라고나 할까!
그때는 이렇게 소리치지 않을까요?
"제발 나에게 할 일을 달라! 나는 일하고 싶단 말이다.
삶과 치열하게 부딪히고 싶다.
그 짜릿한 성취감을 느끼고 싶다!"
지금 그렇게 열심히 치열하게 살 수 있음을
그리워하게 될지도 모른다는 생각을 잊지 말아주세요.
여유가 권태가 되지 않게 하는 것 또한
당신에게 달려 있어요.
지금 현재를 즐기되
가끔씩 '쉼표'를 찍으면서 사세요.

카메라가 찍는 것은 당신의 자신감

'사진발'이 안 받아서 사진만 찍으면 속상해 죽겠어요.
연예인을 꿈꾸는 제 희망이 산산이 부서지는 소리가…….
남들은 양심도 없이 실물과 딴판으로 예쁘게들 나오던데.
전 어떻게 실물보다 훨씬 더 밉게 나오죠?
이러다가 카메라를 피하게 될까 봐 걱정이에요.

_김혜선 | 13세, 중학생

턱을 내리고 눈을 크게 뜨고
빛이 반사되는 쪽으로 얼굴을 돌려주시면
예쁘게 잘 나와요.

_탤런트 H모 양이 말하는 '얼짱 각도'

누구에게나 다 '얼짱 각도'라는 게 있잖아요?
그 각도를 잘 이용해 보세요.
사진 잘 나오는 친구들은요,
분명히 집에서 거울 들여다보면서 맹연습하고,
셀카 테스트 오만 번쯤 했을 거예요.
그러다 잘 나오는 '얼짱 각도'를 발견한 거겠죠.
연예인들이 데뷔한 뒤로 점점 예뻐지고 멋있어지는 이유가 뭘까요?
카메라 앞에서 어떻게 하면 예쁘게 나오는지,
그 비밀을 알아냈기 때문이에요.
그리고 제 경험상 중요한 것 딱 하나 가르쳐드릴게요.
그것만 잘 따르면 사진이 백발백중 잘 나온답니다.
아주 쉬워요. 뻔뻔하게 들이대세요! 함박 웃으면서요.
저도 처음엔 사진 찍는 것을 아주 싫어했답니다.
어쩌다 사진 찍을 때면 부끄러워하고 쑥스러워 쭈뼛쭈뼛하니까
사진마다 아주 이상하게 나오곤 했어요.
그래서 '에라 모르겠다!' 그냥 하하 웃으면서 들이대니까
사진이 실물보다 훨씬 더 잘 나오더군요. 역시 비결은 자신감!
감 중에서도 가장 맛있는 감은 '자신감'이라는 거 아시죠?
거침없이 하이킥하는 포지션으로 마구마구 들이대세요.
이쁜 것보다는 자신감 있는 표정이 최고!
'내가 이 세상에서 젤 이뻐, 젤 매력적이야.' 하며 들이대세요.
카메라도 감동하게 말이죠!

무한대 섹스어필로 승부하라

착한 남자, 편안한 남자, 순수한 남자,
재밌는 남자…… 다 소용없어요.
저요, 이제 섹시한 남자가 되고 싶어요. 어디서나 당당할 수 있게.
눈빛 하나만으로 여자들한테 탄식이 나오게 하는, 그런 섹시함~
어떻게 해야 얻어지나요?

_정재혁 | 33세, 광고인

섹시함이란 50퍼센트는 당신이 지니고 있는 것이고,
나머지 50퍼센트는 남들 눈에
당신이 지니고 있다고 보이는 것이다.

_소피아 로렌 | 이탈리아 여배우

정재혁 씨, 당신을 보면
사람이 어쩜 저렇게 순수할까? 어쩜 저렇게 한결같이 겸손할까?
날마다 감탄, 감탄이라니까요.
당신은 한마디로 경이로운 사람이에요.
세상의 '오염지수'를 한껏 하향조정하고 있는
보기 드문 무공해 순수 휴먼.
그런데 자기 매력을 몰라도 너무 모르고 있구먼요!
섹스어필에도 크게 두 가지가 있는 거 알아요?
시한부 섹스어필이란,
몸짱, 몸빵으로 울끈불끈 근육미를 뽐내는 것.
무한대 섹스어필이란,
순수 투명한 영혼을 느끼게 해주는 것.
정재혁 씨는 빛나는 순수의 지존!
안경 벗고 '쌩얼'로 두 눈만 크게 뜨면 그야말로 최고의 섹스어필!
주변의 모든 여자들이 와르르 웃으면서 뒤집어지잖아요?
그 상태가 바로 무한대 섹스어필의 경지랍니다.
특출한 개인기 하나 없이도
언제나 사람을 웃겨주는 유머지수가 당신만의 독특한 매력.
바로 그것이 최고최상최대 섹스어필 아닐까요?
존재 자체로 빛나는 당신!
더 이상 바라면 나빠요……. 세상 남자들 다 어쩌라구!

과대포장, 위장포장의 옷을 벗어라

저는 사람들 앞에 나서는 것이 세상에서 제일 무서워요.
선생님이 TV에 나와서 말씀하시는 걸 보면 어찌나 부러운지!
저도 그렇게 될 순 없을까요? 방법 좀 가르쳐주세요.
_차진혁 | 24세, 대학생

무엇인가 하고 싶은 사람은 방법을 찾아내고,
아무것도 하기 싫은 사람은 구실을 찾아낸다.
_아라비아 속담

부끄러움의 지존, 소심 쪼잔 38단!
그게 바로 저, 최윤희였답니다.
말도 마세요. 방송 출연 초창기에는 달달달~ 덜덜덜~
몸이 통째로 후들후들~ 아찔아찔~ 했다니까요.
'왜 이렇게 떨릴까?' 곰곰 생각해 봤어요.
바로 그 이유는 과대 포장, 위장 포장!
실제의 나보다 더 잘 보이고 근사하게 보이고픈 마음 때문이었어요.
그래서 그 다음부터는 그냥 '들이대' 정신으로 들이대 봤어요.
까짓것 좀 틀리면 어때? 다른 사람보다 더 못하면 어때?
남들이 뭐라면 어때? 말 못하는 게 뭐 죄인가요?
가난한 것도, 무식한 것도, 못 생긴 것도 죄가 아니에요.
열심히 안 사는 것만 죄!
그렇게 최선을 다하다 보니까 어느 새 자신감도 따라오더군요.
알고 보면 사람들은 다 비슷하답니다.
잘난 사람도 못난 사람도 없어요. 다 거기서 거기!
그냥 진실하게 자신의 마음을 털어놓으세요.
그냥 생긴 대로, 나오는 대로 말하세요.
처음이 어렵지, 하다 보면 점점 늘어요.
자, 자신감 없는 당신을 위해서 제가
특수조제한 약 한 봉지를 드립니다.
두려움을 뚝 떨어지게 하는 최고의 특효약, '들이대' 환!
알약이 싫으면 물약으로 드세요~ '들이대' 엑기스!
자, 이것을 마시고 당신 안에 자신감을 빵빵하게 채워보세요.

첫사랑의 90퍼센트는 착각과 환상이다

첫사랑을 딱 한 번만 만나고 싶어요.
딱 한 번만!

_이름은 밝힐 수 없음 | 43세, 결혼 20년차 주부

아이고, 뭘 몰라도 한참 모르시는 얘기! 막상 만나보세요…….
실망, 절망, 낙망, '3망 블루스'를 추실 '껄'요!
보고 싶다, 보고 싶다, 할 때가 가장 로맨틱하고 행복한 순간!
제 친구 중에 이런 사람이 있었어요.
"아, 내 첫사랑 준이는 지금 어디서 뭘 하고 살까?
딱 한 번만 보고 싶다!"
술만 마시면 노래를 부르더니, 기어코 만나더라고요.
나중에는 저한테만 고백한다면서 뭐라는지 아세요?
"차라리 안 만날걸 그랬어. 안 만났으면 환상이라도 갖고 살 텐데!
어우…… 깜짝 놀랐지 뭐야. 커피숍에서 만나기로 했는데
난 한참 찾아 헤맸다니까! 그 느끼한 배불뚝이 아저씨가 설마
준인 줄 누가 알았겠어? 세상에나, 그 호리호리하던 애가!
어쩜 그리도 변했는지, 세월을 혼자 다 쭉쭉 빨아 마셨나 봐."
'첫사랑'이라는 단어에 묘한 매력이 있는 건 사실이죠.
하지만 그 대상에도 똑같은 매력이 있을 거라고 기대하는 건
당신만의 착각이자 환상!
첫사랑은 대개 '풋'사랑이죠.
아무려면 오랫동안 푹 숙성된(?) 남편만큼 깊은 맛이야 있겠어요?
설령 남편보다 훨씬 더 멋지다고 해도 골치만 아픕니다.
원래 지나간 것은 모두 아름다운 법이에요.
실물보다 더 크게, 더 아름답게 느껴지거든요.
'그를 만나기 백 미터 전'이 오히려 행복한 거랍니다.
자, 총정리해 봅시다.
첫사랑은 생각 속에서만! 조금 더 봐주면 꿈속에서만!
현실에서는 된장, 청국장 같은 남편이 최고!

권태, 받아들임으로써 벗어나는 법

모든 것이 권태롭습니다.
먹고사는 것이 중요하다 하지만 전부는 아니잖아요.
결혼하고 애 낳고 때때로 집 옮겨 다니고……
정신없이 살다 어느 순간 정신 차려 보니 허탈해요.
집사람은 내 기분 따위 알아주지도 않고
이래서 남자들이 바람을 피우는구나, 싶어요.
아내 모르게 애인 한 명 있으면 좋겠어요.
두근거리는 총각시절 기분도 다시 느낄 수 있지 않을까요?
그럼 활기도 생기고, 인생도 즐거워질 텐데.

_익명의 남성 | 37세, 광고회사 카피라이터, 결혼 8년차

세상에서 그 무엇과도 바꿀 수 없는 것은
젊었을 때 결혼해서 함께 살아온 늙은 아내다.

_유대 격언

인간을 불행하게 하는 것, 행복의 가장 큰 적 두 가지가
바로 고통과 권태~ 독일 철학자 쇼펜하우어의 얘기죠.
사람들은 흔히 권태를 '일탈'로 해결하려 해요.
하지만 애인 하나 생긴다고 권태가 사라지고 행복이 올까요?
호기심의 약발이 다할 때면 또 슬그머니 권태가 찾아오겠죠.
거듭되는 일탈은 오히려 권태로움을 더하게 마련이랍니다.
그러다가 혹시 아내 친구한테 덜컥 현장이라도 들켰다?
에고고~ 그날부터 당신의 인생에는 '피곤'까지 더해지는 거죠!
자, 끊임없이 새로운 애인을 찾아 헤맬 작정이 아니라면
다른 방법을 생각해봐야겠군요.
어쩌면 권태 자체는 불행하다기보다는 일상적인 것일지도 몰라요.
권태에서 벗어나려고 발버둥치는 것은 두렵기 때문이죠.
대상을 있는 그대로 받아들인다면 거기서 벗어날 수 있어요.
그렇다면 굳이 애인 만들 거 뭐 있어요?
그러지 말고 아내를 애인으로 착각하고 '봉사'해 보세요. 호호.
아내를 처음 만났을 때, 사랑하게 되었을 때,
가슴 설레며 첫 데이트 했을 때, 첫 키스에 성공했을 때,
마침내 당신의 프러포즈에 딩동댕~ 합격의 골든벨이 울렸을 때,
그 파란색 느낌으로 다시 돌아가려면
권태로울 틈도 없지 않겠어요?
정신을 빨리 차릴수록 몸과 마음의 건강에 좋습니다. 빨빨익선!
참, 애인이 무슨 말의 준말인지 혹시 아셔요?
'애를 먹이는 인간!' 관리비가 어마어마하잖아요.^^

과거는 이미 사라졌고, 미래는 아직 오지 않았느니라

한 해 한 해 인생의 무게가 무겁다.
그럴 때마다 옛 시절이 그리워지고, 그 시절로 돌아가고 싶다.
아무것도 책임 지지 않고 맘대로 놀던 그 시절!
고등학교 시절로 돌아가 그때 친구들과 철없이 놀고 싶다.
아, 그립다.

_김승호 | 30세, 마산시 거주

가끔씩 자기 안에 있는
다섯 살짜리 아이와 만나기를 게을리 하지 마라.
그러면 회색 현실 속에서
남들은 안 보이는 것들이 보일 것이다.

_엘레노어 루즈벨트 | 미국 32대 퍼스트레이디

그래요. 우리 모두의 꿈이죠.
철없던 학창시절, 풋풋하고 꿈 많던 그 시절!
어른이 되면 자기 행동에 책임을 져야 하고
미래를 스스로 만들어나가야 하니까
스트레스가 파도처럼 밀려와 사람들을 덮치곤 해요.
그러나 물도 한곳에 머물러 있으면 썩는 법!
흘러가야 하고, 넘쳐야 하고, 변해야 하는 것이랍니다.
언제나 어린 시절에 스톱 상태로 멈춰 있다면
그것은 엽기, 괴기, 비정상!
그래서 이런 말도 있지 않겠어요?
"어제는 이미 지나간 일(history)이요,
내일은 알 수 없는 미스터리(mystery),
오늘은 우리에게 주어진 선물(gift)이다.
그래서 우리는 '현재'를 '선물(present)'이라 부른다."
지금 현재를 사랑하세요. 지금 현재를 즐기세요.
그러나 가끔 과거의 푸릇푸릇한 자신을 만나보는 건 좋아요.
잊고 있던 꿈과 무모하리만치 뜨거웠던 열정, 투명한 순수함!
생각만으로도 청정 암반수 샤워를 한 듯
신선한 활기를 얻게 될 걸요!

희망만 버리지 않으면 다시 무대에 설 수 있어

선생님. 남자들은 한 여자로는 만족할 수 없나요?
지난 번 남자친구도 바람을 피워서 헤어졌는데,
이번 남자친구도 저 몰래 양다리를 걸치다가 발각됐어요.
그것도 제 친구랑.
사랑도 남자도 다 싫어졌어요.
사랑에 대한 희망을 다시 찾고 싶어요.

_사랑에 상처받은 한 여성 | 30세, 대학원생

사랑하는 감정을 잃어버리는 순간,
그 사람의 인생은 끝난다.

_니코스 카잔차키스의 소설 『그리스인 조르바』 중에서

얼마나 속이 상했을까요?
당신이 상처받고 힘든 것은 미루어 짐작이 되고
충분히 공감할 수도 있어요.
금슬 좋은 부부의 상징으로 삼는 원앙 있죠?
청첩장에도 단골로 들어가는 원앙새 말이에요.
그런데 원앙도 믿을 게 못 되더라고요.
수컷 원앙은 아내가 있는데도 호시탐탐
다른 암컷을 노린다네요.
이 말 듣고 어찌나 배신감이 느껴지던지요.
사랑이나 짝짓기에 있어서 '영원'이란 없는 걸까요?
영원할 거라 믿었던 사랑에 배반당하는 경우들은요,
사실 우리 주변에도 얼마든지 있는 일들이에요.
하지만 그건 '진정한' 짝이 아니었기 때문일지도 몰라요.
아픈 기억은 후루룩 날려버리고
당신의 진짜 짝을 기다려보세요.
영화 '노트북'에서처럼 상처를 겪으면서도
다시 만날 수밖에 없는 사랑도 있고요.
수많은 실패 끝에 만나게 되는 사랑도 있어요.
하지만 과거에 얽매이면 한 발짝도 앞으로 나갈 수 없는 법!
툭툭 털어내고 앞으로 가세요.
착하고 순수한 남자, 지고지순한 순정파 남자들도
세상에는 얼마든지 있으니까요.
사랑은 인생의 필수품!
절대 희망을 버리지 마세요.

손을 내밀려면
자신의 모습부터
받아들여라

나는 왜 이렇게 관계에 서툴까.
만날 헛다리만 짚고, 오해하고 오해받고.
다른 사람의 마음을 읽는 독심술,
그런 초능력을 갖고 싶다.

_손희철 | 광주 운암동

진열대를 다 세우자 친절한 과자 장수는 갓 구운 첫 번째 과자를 산티아고에게 주었다. 그는 기쁘게 과자를 먹고 길을 떠났다. 조금 걷다가 그는 과자 장수와 자신이 진열대를 세우며 서로 다른 언어로 대화를 나누었던 것을 기억해 냈다. 그러니까 한 사람은 아랍어로, 한 사람은 스페인어로 말했던 것이다. 그런데도 두 사람은 서로의 말을 완전히 이해하지 않았던가. '언어의 장벽을 뛰어넘는 무언의 언어가 있는 게 틀림없어.'

_파올로 코엘류의 소설 『연금술사』 중에서

'16년 동안 독심술을 연마해
사람의 마음을 정확하게 꿰뚫어보는
달인 김병만 선생'도 아니고,
뭘 그렇게 꿰뚫어보려고 하세요? ^^
독심술을 갖게 되면 반드시 행복할까요? 천만에요!
세상 사람들의 온갖 비밀을 다 알게 됐다고 생각해 보세요.
얼마나 괴롭겠어요?
우리가 늘 쓰는 휴대전화에 세균이
자그마치 2만 5천 마리가 산대요.
그거 눈에 안 보이니까 살지,
다 보인다면 어디 제 명에 살겠어요?
사람들과 자꾸 부딪힌다고 생각되면,
남들의 마음을 읽으려 하기 전에 먼저 자기 마음부터 읽어보세요.
그리고 다른 사람에게 먼저 다가가 따뜻하게 손을 내밀어보세요.
배려하는 마음이 키포인트!
그러면 상대방은 가슴을 열어줄 거예요.
그렇게 마음과 마음이 마주하면,
'오해'는 '이해'가 되죠.
남을 의식하기보다 있는 그대로의 나로 살아갈 때
세상 살기도 훨씬 유쾌해진답니다.
인생은 뻔뻔(funfun)해져야 재밌어지는 것!

즐겁게 지내는 것이
그대에게 주는 선물

희망? 빨리 우리 영감 만나고 싶어.
그 영감탱이 저 혼자 살겠다고 10년 전에 떠나버렸어.
저 하늘나라에서 지금 나를 보고 있을 거야.
날마다 복닥복닥 싸우고 살았는데 지금은 그리워.
자식들이랑 손자들 있어도 어딘가 적적한 게,
뭘 하면서 남은 날을 보내야 할지 모르겠네.

_이윤자 할머니 | 71세

참 신기하군, 몰리.
마음속의 사랑은 영원히 간직할 수 있으니.

_영화 '사랑과 영혼' 중에서

그래요. 늘 곁에 함께 살 때는
소중한 줄 모르고 티격태격하지만
막상 그 사람이 내 곁에 없으면
그 존재의 소중함을 알게 되는 거예요.
그래서 '있을 때 잘 해'라는 노래가 생겨난 것은 아닐까요?
아마 할아버지도 하늘나라에서 할머니를 그리워하고 계실 거예요.
"아휴, 내가 좀더 잘해줄 걸 그랬어.
할멈, 이제 하늘나라에서 만나면 더 잘해줄게."
그렇게 기다리고 계실 거예요.
그런데…… 제가 발칙한 제안 하나 해도 될까요?
아직 일흔한 살이시면 충분히 젊은 나이신데,
노인대학에 나가셔서 싱글 할아버지랑 데이트도 좀 하세요.
길벗, 마음 벗, 이야기 벗으로 사시면
인생이 훨씬 더 즐거워지실 텐데!
아마 먼저 떠나신 할아버지도
할머니의 그런 모습을 더 바라실 거예요.
아셨죠?
행복하게, 건강하게 사시다가
할아버지랑 반갑게 만나세요.

'웃음'으로 팔십까지 '팔팔'하게!

여든 살쯤 되는 할머니가 화장기 없는 '쌩얼'로 TV에 나와서
인생 상담을 하는 외국 TV프로그램을 봤다.
그날부터 내 가슴속엔 작은 꿈 하나가 꿈틀꿈틀 살아가고 있다.
나도 80대가 되면 TV에 나가서
'쌩얼'로 유쾌한 인생 상담을 하고 싶다는
소박한 꿈? 발칙한 꿈!

_최윤희 | 행복멘토

가슴 뛰는 일을 하라. 그것이 최고의 명상이다.
신이 당신에게 주는 메시지는 가슴 뛰는 일을 통해 온다.
가슴 뛰는 일을 할 때 당신은
최고의 능력을 펼칠 수 있고,
가장 창조적이며, 가장 멋진 삶을 살 수 있다.
그것이 당신이 이 세상에 온 목적이다.
당신은 바로 가슴 뛰는 일을 하기 위해 이곳에 태어났다.
남의 삶을 베끼며 살려 하지 말고,
지금 이 순간 당신을 가슴 뛰게 하는 일을 하라.
그때 우주는 전적으로 당신을 도와줄 것이다.

_다릴 앙카의 에세이 『가슴 뛰는 삶을 살아라』 중에서

하이고, 꿈도 야무지시네요, 응?
그래도 전국을 돌아다니며 강의하는 최윤희라는 사람이
자나 깨나 부르짖고 다니는 말마따나
'꿈에는 정년이 없다!'……고 했으니
그 말에 책임을 지시겠다는 말씀인 거죠? 하하^^
그 대신 충고 하나 할게요.
'쌩얼'로 나가려면 시청자들 생각도 좀 하셔서
평소에 피부라도 좀 가꿔주세요.
맑은 물에 세수하기는 기본!
팩이랑 마사지도 가끔은 해줘야 하는데
게을러터져서 과연 가능할까요? 후훗^^
그러면 여든 살이 아니라 백 살이 되어도
유쾌한 인생 상담을 이어나갈 수 있을 거예요.
웃음이 최고의 화장품!
50년근 산삼보다 훨씬 낫답니다.
여든 살 할머니의 유쾌한 인생상담~
나이 든 사람들이 최윤희를 보고 희망을 갖게 되겠군요.
최윤희가 최윤희에게, 홧팅팅팅~

에필로그

내 인생
최고의 전략은 '희망'

미국 44대 대통령 후보가 된 버락 오바마.
소년시절에 그는 차별에 울고 슬픔에 절망해야 했다.
그러나 열등감과 상처와 아픔은 그에게 장애가 되지 못했다.
그는 장애물 뛰어넘기 선수처럼 그 모든 것들을 훌쩍 뛰어넘었다.
그리고 절망 대신 담대한 희망을 쏘아올렸다.
흑인으로서는 최초로 대통령 후보가 되는 기적을 연출한
버락 오바마. 그 비결은 바로 그가 내건 슬로건이다.
YES, WE CAN!
그의 키워드는 바로 변화와 희망.
정치 신인에 불과했던 오바마가
일약 스타로 급부상하는 계기가 된 연설은 다음과 같다.

"부모님이 제게 버락이란 아프리카 이름을
붙여주신 것은 그것이 미국에서 성공하는 데
장애가 되지 않을 것이라고 여겼기 때문입니다.
우스꽝스러운 이름의 야윈 소년이지만

저는 미국에서 반드시 잘 살아갈 수 있다는
믿음과 희망을 품었습니다.
희망의 담대함! 그것은 신이 주신
가장 위대한 선물이자 근본이기 때문입니다."

그 당시만 해도 완전히 무명이었던 오바마는
이 연설로 일약 스타가 되었다.
나중에 그가 쓴 책 제목도 『담대한 희망』이다.
모든 사람들이 불가능하다, 무모하다, 포기하라고 충고했지만
그는 오로지 희망 에너지만으로 완전무장한 것이다.
아메리칸 드림의 상징으로 우뚝 선 버락 오바마.
그는 걸어 다니는 희망이다.

그렇다. 희망은 최고의 항암제!
희망만 버리지 않는다면 우리는 반드시
꿈을 이룰 수 있다.
우리 안에도 오바마의 담대한 희망 에너지가 있다.
그것을 마음껏 꺼내서 사용하자. 풀가동하자.
희망만 있다면 무엇이 불가능하랴?
당신도 나도, 우리 모두가
이 시대의 오바마가 될 수 있다.
가슴 깊이 희망의 불씨만 간직하고 있다면!